La vida ahora

La vida ahora

Adriana Abenia

VERGARA

Papel certificado por el Forest Stewardship Council®

MIXTO
Papel | Apoyando la
silvicultura responsable
FSC
www.fsc.org
FSC® C117695

Penguin
Random House
Grupo Editorial

Primera edición: octubre de 2023

© 2023, Adriana Abenia Gracia
© 2023, Penguin Random House Grupo Editorial, S.A.U.,
Travessera de Gràcia, 47-49. 08021 Barcelona

Printed in Spain — Impreso en España

ISBN: 978-84-19248-74-9
Depósito legal: B-14800-2023

Compuesto en Comptex&Ass., S. L.

Impreso en Black Print CPI Ibérica
Sant Andreu de la Barca (Barcelona)

VE 4 8 7 4 9

A Luna, la decisión más bonita.
A Sergio, otra vez. Y nunca serán bastantes.

ÍNDICE

Prólogo 15

Regresar a la infancia 39
Romperse en añicos 61
Mi tabla de salvación 81
Pasar página 93
Volver a caer 103
Diez años después 117
El poder de las redes sociales 125
Mi paso por la moda 141
Reconciliarse con la comida 163
Amor a cara o cruz 173
Maternidad sin edulcorar 183
Que viene el coco 217
Envejecer 227
Valorar el tiempo 235
Vivir con el piloto automático 245
Aprender a decir que no 257

Epílogo. La vida ahora 273

'Cause you're hot then you're cold
You're yes then you're no
You're in then you're out
You're up then you're down
You're wrong when it's right
It's black and it's white
We fight, we break up
We kiss, we make up
You don't really want to stay, no
But you don't really want to go
You're hot then you're cold
You're yes then you're no
You're in then you're out
You're up then you're down

KATY PERRY, «Hot n Cold»

Hace no demasiado tiempo habría sido impensable revivir las curvas de una época que no fue fácil, ni para la que creo que estuviera preparada. No sé en qué momento las agujas del reloj comenzaron a girar a una velocidad endemoniada sin tan siquiera ser consciente de ello.

PRÓLOGO

Madrid, 6 de octubre de 2010

Me despierto antes de que suene el despertador de mi móvil, con la sensación de no haber descansado lo suficiente en mi apartamento de la calle Lagasca, 67. La primera luz de la mañana invade el salón, de impoluto blanco y con muebles baratos suecos, de un piso siempre frío e impersonal que escogí por su ubicación y porque se puede pagar por meses. Eso me da la opción de huir si las cosas se ponen feas.

Las cortinas evitan que mi mirada choque con la fachada y las ventanas del edificio de enfrente. Odio que no haya persianas, siento que me vigilan desde la calle y echo de menos que Sergio esté conmigo.

Mis pies se deslizan hasta el baño, enciendo la luz y hago pis mientras reviso mentalmente lo que toca grabar ese día. Victoria Laseca nos envía a Raúl Vaquero, mi cámara, y a mí a cubrir la visita de los príncipes a Miranda de Ebro y a Medina del Campo. Ella se encarga de mi agenda y también de coordinar los invitados que acuden al plató.

Me lavo las manos y la cara con el agua fría de las cañerías de Madrid. Cada vez que lo hago resucito, regreso a la realidad.

Caliento el agua para hacerme un té con leche, tuesto un poco de pan y saco un kiwi de la nevera. No sé cuándo podré volver a comer, mis horarios son un caos, y ahora mi vida también.

Me maquillo y me coloco las extensiones de clip como puedo, nunca se me ha dado bien peinarme. De un tiempo a esta parte noto que he perdido pelo. No sé si por el tinte rubio, por las planchas diarias o porque, tal y como insiste mi madre, vivo acelerada. Lo cierto es que últimamente tengo la sensación de estar dentro de una centrifugadora a cien mil revoluciones.

En esta ocasión, al programa en el que trabajo desde hace meses se le ha antojado que aborde a los futuros reyes de España con la vestimenta que lució recientemente doña Letizia, un vestido de Mango muy poco favorecedor de color azul ceniza, en la inauguración de una exposición en León llamada «*In principio erat verbum*. El Reino de León y sus beatos». Una vez más, *Sálvame* —una *sitcom* que se cuela cada día en multitud de hogares— busca provocar al hacerme llevar la misma indumentaria que la Princesa de Asturias.

Lo observo durante unos segundos. Frunzo el ceño. Tampoco tengo elección.

Me desnudo pendiente del móvil del programa y me visto como me han pedido. Elijo unas sandalias de tacón color cuero y rezo por aguantar todo el día subida a ellas.

Alcanzo un frasco negro de cristal que hay junto al televisor y me envuelvo en una nube de almizcle floral que firma Narciso Rodríguez. Es increíble que un olor pueda hacerte viajar una y otra vez a un momento de tu vida con tan solo evocarlo.

Me da tiempo a contestar desde mi móvil personal varios tuits, recibo muchos cada día y por las noches me evado siguiendo las conversaciones en torno a mis apariciones de las tardes. Hay de todo. También esto va demasiado deprisa. Y a ratos dudo de si soy yo quien responde o es ese avatar que he creado para protegerme de todo lo que me asusta.

De repente suena el móvil. Mi cámara ya ha llegado.

Meto en el bolso mi menú: un par de barritas sustitutivas de comida con sabor a manzana y yogur. Es rápido y ocupa poco dentro de las dos asas, no se me ocurre qué otra cosa hacer teniendo en cuenta que mis directos son a primera hora de la tarde, aunque yo tengo que estar mucho antes prevenida.

Cierro la puerta con llave no sin antes asegurarme de que lo llevo todo y buscar el espejo del baño, que me devuelve una mirada grisácea a juego con mi vestido de la talla 36. No hay otro lugar donde reflejarme en los treinta metros del estudio donde construyo una nueva vida yo sola, así que doy por hecho que el resto está bien.

Abajo, un Seat León rojo que ya conozco de memoria me espera. Raúl no es capaz de contener la risa cuando echa un vistazo a mi vestuario. Lo reconoce inmediatamente.

Me gusta viajar con él, y aunque su acento bien podría presumir de ser el de un gato (dícese de los madrileños de pura cepa), lo curioso es que Raúl nació en el hospital Miguel Servet de Zaragoza, como yo, unos años después.

Lleva los párpados hinchados de quien habría deseado estirar las horas de sueño y una camiseta a rayas azules y blancas, bajo la que se adivina otra negra para no pasar frío. Lo observo con cariño y reconozco que las guardias en las faldas del Congreso o las prisas por ser los primeros en ver la procesión de rápidos coches negros camuflando a Sus Majestades resultan más divertidas a su lado. No siempre nos toca trabajar juntos, pero para mí es razón de júbilo coincidir con él; consigue que olvide a ratos la presión a la que estoy sometida y de la que el programa no se hace responsable.

Digo adiós al conserje con la mano y desciendo las escaleras del portal. Ha salido un día tan bonito que nada hace presagiar lo que va a suceder.

O quizá sí.

Los rayos de sol se precipitan inclinados sobre la capital ajenos a los cláxones. Es curioso cómo acabas acostumbrándote a ellos y dejas de oírlos. Me gusta salir de vez en cuando de la ciudad, me oxigena. Eso mismo dice mi directora, Carlota Corredera, que mis apariciones y vídeos son un respiro en plató, después de eternas discusiones en las que no distingo lo que es verdad de lo que no lo es. En cambio, el otro director, Raúl Prieto, no me soporta, soy una imposición en su escaleta que viene de arriba, y le cuesta disimular que no le gusto, aunque a veces me obsequie con una felicitación con acento del sur.

Salimos a la carretera. Tenemos tres horas y media de confidencias hasta nuestro destino.

Las bromas y las risas se intercalan en nuestras conversaciones como los semáforos, dentro de ese coche en el que tantas veces me he sentado y descargado tensiones, y en el que tan solo las continuas interrupciones de Victoria preguntando si estamos ya cerca rompen el buen rollo y aceleran nuestras prisas.

La televisión me fascina y alguien está más que empeñado en hacerme cobrar protagonismo en un tiempo récord. Y yo trato de corresponder con pasión, ganas y un nivel de exigencia que temo que me pase factura.

Dedicarte a lo que te gusta puede ser venenoso, gozas tanto de lo que haces que renuncias a muchas cosas, inmersa en una maquinaria que no para. Aceptas dejar a un lado a tu familia, a tu novio, tu ciudad, tu ocio, hasta tus sueños nocturnos giran en torno al trabajo. Es curioso que muy pocos sepan que mi contrato es de colaboradora, no de «dicharachera reportera», aunque mi función sea la de ir como pollo sin cabeza de aquí para allá. Eso sí lo negoció bien José Muro, mi representante.

Raúl pita a un coche que se incorpora sin mirar. Vamos todos a mil por hora. Incluso mi corazón ahora parece que late más rápido que hace un año. ¿Es esto posible?

Vuelvo a sumergirme en mis pensamientos hasta que mi coordinadora marca mi número de nuevo. Suspiro.

Me convenzo una vez más de que estoy viviendo mi gran oportunidad, «No puedo bajar el ritmo», me repito con insistencia cuando percibo que igual me estoy complicando más de lo necesario y en realidad todo es más sencillo. Y que lo mismo estoy perdiendo días en lugar de ganar segundos. Y que tal vez en Zaragoza, con una vida normal, en un trabajo normal, con mis amigos de siempre y mi pareja desde los quince años, sería más feliz.

Por otro lado, me sorprende que nadie del programa se haya sentado a mi lado unos minutos para preocuparse por saber cómo estoy. El otro día, por ejemplo, noté que alguien me seguía hasta el supermercado de El Corte Inglés de Serrano, muy próximo a casa. Allí voy cuando llueve o me siento sola, necesito ser parte de ese bullicio, el ruido me arropa. Ver las parejas y las familias que acuden juntas al finalizar el día para comprar algo de cenar me da envidia.

Ese hombre me seguía, no eran imaginaciones mías. Cada vez que giraba y cambiaba de pasillo él me observaba desde lo lejos. Finalmente tuve que atreverme a salir de la sección de conservas porque cerraban, con la ayuda de un colaborador que muchos años después todavía se sentaría cada tarde en esas sillas.

Cuando llegué a casa me eché a llorar. A la semana siguiente me vi demacrada comprando una dorada en las páginas de las revistas. Y en otra publicación, de la mano con mi novio, al que nadie le ponía cara, en uno de los tantos viajes fugaces que hace a Madrid por sorpresa para cenar, tumbarse un rato conmigo abrazados y luego marcharse con pena porque al día siguiente tiene que trabajar.

Sigo sin entender el motivo por el cual me siguen los *paparazzi*, yo no soy nadie. El otro día incluso llamaron al timbre del apartamento para ver si estaba, me lo dijo el conserje, porque yo nunca contesto.

Insisto, todo va muy deprisa.

Y mientras alterno las conversaciones con ese móvil y las mías propias, pienso en todas esas noches que cierro la jornada con la única compañía de una pantalla en la que leo lo que la gente opina de mí. Los comentarios son casi todos buenos, pero los malos son los que se clavan: odio que den por hechas ciertas cosas, que hablen de mí de oídas o los prejuicios sobre la elección del color de mi pelo. Y cuando alguna de esas palabras me hiere, me duele escuchar a Sergio al otro lado del teléfono esforzándose por animarme ahora que estoy lejos y me nota vulnerable. Ahora que su trabajo lo obliga a permanecer en la ciudad en la que nos hemos criado y no puede abrazarme fuerte si lo necesito. Ni yo a él si lo precisa.

Pero la tele tiene algo que me atrapa y no quiero dejarla escapar. Por fin estoy demostrando mi valía frente a aquellos que algún día dudaron de mí o me hicieron *bullying* en el colegio. Esta es probablemente la moneda con que pago a todos aquellos que se mofaban de que algún día pudiera lograr algo grande, y si bien la televisión surgió por casualidad en un momento en concreto de mi vida, siempre la tuve como deseo en mi punto de fuga, y los que me conocen bien lo saben.

Por eso ya no sé si creo en el azar.

Suena mi teléfono de nuevo, es Vicky. Raúl me mira, qué le pasará ahora, vamos con el tiempo justo, aunque casi hemos llegado a Miranda de Ebro.

Me retoco el maquillaje mientras buscamos rápidamente dónde aparcar. Estamos a punto de reencontrarnos con los príncipes. Letizia recogió en nuestro último encuentro mi guante en forma de carta, escrita de mi puño y letra, donde nadie sabe lo que realmente ponía. Ahora la cúpula del programa espera su reacción.

Nuestra relación surgió de la manera más absurda que puede uno imaginar. Yo acababa de empezar en *Sálvame* y el programa decidió enviarme a cubrir un acto de Casa Real en Galicia. Un poco antes de llegar, cuál no fue mi sorpresa cuando, desde el coche, vi al príncipe Felipe y a la princesa de Asturias haciendo un tramo del Camino de Santiago. Inconsciente, ingenua y poco sabedora de las reglas del protocolo, le pedí al cámara que conducía —al que no conocía de nada y del que no recuerdo su nombre— que por favor bajara la ventanilla. Poco se imaginaba ese hombre que iba a gritar como una pastora dirigiéndome a ellos, con una sonrisa de oreja a oreja y un acento maño que cada vez me cuesta más conservar.

—¡Vamos! ¡Dadle caña, que os pesa el culo!

Tal insolencia podía saldarse solo de dos maneras: la primera, vetando mi presencia en cualquier acto real, la segunda, con la respuesta de cualquiera de ellos.

Ambos, sorprendidos por ese arranque de espontaneidad que hasta a mí me desconcertó, sonrieron.

—¿Cómo te llamas? —preguntó divertida y cercana la princesa.

—Adriana Abenia —le contesté, para que no me confundieran con otra tocaya.

El gallego que conducía a mi lado no podía dar crédito a lo que estaba sucediendo y se lamentaba una y otra vez de llevar la cámara en el maletero en lugar de en los asientos de atrás.

En adelante, se me permitieron licencias como preguntarle a doña Letizia, durante un viaje en el que no iba acompañada por el príncipe, si al quedarse este de Rodríguez le había dejado croquetas en la nevera, y otras locuras que ahora no corresponde contar.

Era un juego inofensivo, y mientras ella se ganaba al público en un momento en el que su elección había quedado en entredicho, yo me colgaba la medalla de haberme convertido en la «mejor amiga» de la princesa.

Tenía su gracia. Y hoy en día reconozco que les he cogido cariño, aunque cuando no se aprieta el botón en el que pone *rec* se me siga olvidando tratarlos de usted como exige el protocolo, no por maleducada, sino porque en el fondo soy un desastre que acaba de aterrizar bajo los caprichosos focos de un plató.

Y hoy vuelvo a coincidir con ellos, y en el fondo me apetece que así sea.

Pongo los tacones sobre el pavimento del que va a ser el día que todo lo cambie. Creo que es justo en esa plaza en la que dejaré de ser la misma para convertirme en otra persona.

Mi metamorfosis está a punto de tener lugar.

El sol calienta octubre, aunque no tanto como los cientos de ciudadanos que se agolpan en la plaza de España de la localidad burgalesa para ver pasar a los príncipes. Aún no sé cómo vamos a atravesar esa marea humana con una cámara que pesa una barbaridad hasta llegar a las vallas, detrás de las cuales distingo a todo el equipo de seguridad que protege el lugar, entre ellos a Cienfuegos, casi dos metros de hermética y calculada frialdad. Sabe sostener la mirada. Y aunque al principio rehuía ponerme cerca de él, hoy por algún motivo decido colocarme a su lado y avanzar como puedo en esa dirección.

La gente está descontrolada y el ambiente, enrarecido. Tengo un mal presentimiento y a Raúl lo noto más tenso de lo habitual, aguantando estoicamente los codazos.

El público quiere saludarme y no sé si voy a poder sacar adelante mi trabajo. Se hacen fotos a mi lado mientras camino, sin siquiera preguntarme, y me cogen del brazo como si me conocieran de toda la vida. Pero yo no sé quiénes son esas personas. Sonrío con educación.

Qué calor hace, Raúl. Aunque creo que no puede oírme debido al gentío. Me empuja hacia delante para alcanzar cuanto antes la valla, que a medida que avanzamos se me antoja más y más lejana. A los dos nos da miedo que, tras haber llegado hasta allí, Sus Altezas Reales pasen por delante de nuestras narices sin que grabemos ni un solo segundo. La bronca podría ser monumental. Pero la gente no para de zarandearme para que me quede un rato con ellos y les cuente cómo creo que va a reaccionar «mi amiga» cuando me vea.

Durante los seis minutos que dura mi itinerario de una esquina de la plaza de España hasta Cienfuegos, me encuentro inmersa en una ola humana. Ese día, Casa Real me observa con detenimiento, no intento negociar, aunque buceo en un mar de dudas pensando si conseguiremos captar algo. No tener un redactor lo considero un error a estas alturas, no somos capaces de hacernos con la situación y la gente trata de comunicarse conmigo a gritos. No me dejan hacer mi trabajo.

A Raúl le es imposible guardar la distancia de seguridad conmigo. Si pudiera pedir un deseo sería irme.

Victoria llama, no puedo coger el teléfono. Leo que tengo un directo a primera hora de la tarde desde Medina del Campo, en Valladolid, adonde también irán los príncipes esa tarde. Está claro que hoy vamos a ser su sombra, pero yo solo quiero despegarme de sus talones como hace la oscura silueta de Peter Pan.

Casa Real se acerca para preguntarme si necesito algo y llama a la calma a todos los que hay a mi alrededor; la gente está expectante por ver con sus propios ojos a los futuros reyes. Me chivan que esté prevenida, los príncipes están a punto de entrar, les doy las gracias, una vez más. Logro emerger embutida en el vestido de doña Letizia con una sonrisa inversamente proporcional a la sensación de que pronto va a suceder algo malo que me invade.

No me escucho, todos hablan más alto que yo. De repente aparece la figura de la laureada pareja al fondo, acompañados por el vicepresidente tercero del Gobierno y ministro de Política Territorial, Manuel Chaves. Ella de azul marino y con el pelo suelto, él con un traje de raya diplomática y corbata color café. Ambos rompiendo el protocolo y dándose un baño de multitudes que no se había visto nunca.

Los decibelios en la plaza son ensordecedores.

Veo las manos de los príncipes acercándose a nosotros y a Casa Real propiciando el encuentro apartando con firmeza otras que me llegan desde varios frentes. Raúl está concentrado en sujetar la cámara para que no se caiga, aun así, no puede evitar darme un golpe en la frente con ella. Aquello está imposible. Noto mi cuerpo oprimido contra la valla.

Menos mal que pronto aparece doña Letizia, que me coge del brazo, afectuosa, e intercambiamos un cordial y cómplice saludo.

—¿Ha visto que compartimos el buen gusto para la ropa? —le pregunto a continuación mientras calculo el tono y el timbre de mi voz para que no se ofenda y señalo, pizpireta, mi atavío.

Sonríe. Y a mi lado intuyo a seguridad controlando cada palabra que emite mi boca, más por cumplir que por considerarme insubordinada, puesto que ya me conocen, también mis límites, aunque a veces juegue a bordearlos.

—Adriana, muchas gracias por tu tarjeta de cumpleaños, me pareció muy bonita y cariñosa —dice doña Letizia esbozando una sonrisa.

Contesto hablando a cámara, y me despido de ella con el micro del programa entre las manos, justo antes de dirigirme de nuevo hacia Raúl y cerrar con alguna ocurrencia el reportaje, feliz de que al menos haya merecido la pena viajar hasta ese lugar.

Victoria se pondrá contenta.

Queda menos para salir de esa locura que se ha montado. Raúl mira la cinta como puede para chequear que lo tenemos todo grabado mientras deja escapar de sus labios una sonrisa, aliviado.

—¡Eres la hostia, Adri, lo tenemos! —exclama eufórico.

Además, gracias a nuestros compañeros de Europa Press podemos completar la visita y vestir la pieza. Necesitaremos el saludo desde el balcón. Hay pequeños detalles que no advierto hasta que el vídeo está montado, por eso intento visionarlo todo antes de que se emita.

Las pisadas de los príncipes quedan lejos.

Nos vamos ya, pero justo cuando voy a darme la vuelta y comenzar a andar escucho a un grupo de chicos que pronuncia mi nombre. Me giro como puedo, esbozando una última y amable sonrisa, qué ingenua, porque lo único que oigo son sus risas. De repente, empiezan a increparme. Son jóvenes y en cuestión de segundos se sitúan a mis espaldas mientras trato de dejar atrás el gentío. El efecto imitación hace que alrededor de unas veinte personas sigan sus pasos y se abalancen sobre mí, otras tantas me llaman desde lejos, ahora el centro de las miradas somos nosotros, una vez que ya han salido de su campo de visión los príncipes. Los que están más cerca se rifan el meter las manos bajo mi falda, trago saliva. No me puedo creer lo que está sucediendo. Otros comienzan a tocarme el pecho o a tirarme del pelo mientras me llaman «puta» o «zorra». Más lejos escucho cantar con sorna la melodía del programa, ese que ha decidido crear un producto muy atractivo que no soy otra que yo.

Raúl está bloqueado y observa sin saber qué hacer el bochorno que estoy viviendo. Quiero pedirle que me ayude, pero el pánico se apodera de mí y no puedo hablar. No logro respirar. Quiero apartarles, pero tengo los brazos inertes. Me convierto en una marioneta de hilos prestados. Se me hace un nudo en la garganta, como si la tráquea se hubiera cerrado de repente.

Recuerdo que una tarde en la que la frente me quemaba de fiebre y me lancé a una piscina helada sobre el Nilo sentí algo parecido; y aquella otra vez dentro del Peugeot 309 gris de mi amigo Fermín, cuando mientras volvíamos a casa un sábado un coche chocó de lado con nosotros justo donde yo estaba sentada.

Esto no tendría que estar pasando, me digo a mí misma.

Ojalá pudiera volver atrás.

Intento avanzar, pero soy incapaz de dar un solo paso. Una nube que no existe cubre el cielo.

Estoy temblando.

Ya no oigo lo que dicen. Si me concedieran un deseo, sería salir de allí ahora mismo. Quiero zafarme de este acoso coral. En la plaza no hay un pasillo por el que circular.

Cuando de pequeña me agobiaba, mi madre me decía que soplara su dedo como si de una vela se tratara, y por arte de magia mi tristeza y las lágrimas desaparecían. Ojalá pudiera regresar.

Y en medio del caos veo a Cienfuegos que se acerca. Y acto seguido la guardia civil me traslada como puede —porque me expreso con monosílabos y creo que me voy a desvanecer y a morir pisoteada allí mismo— a la bodega de un bar que hay en la plaza de España. Raúl está conmigo, me pierdo en mitad de sus ojos y no paro de tiritar. Creo ver el cielo temblar. Quiero gritar, pero estoy afónica de callar.

No recuerdo nada de lo que murmuré en el improvisado refugio donde permanecí hasta que me dijeron que podía salir a la calle, cuando la gente se hubo dispersado.

En algún momento de la mañana del 6 de octubre de 2010, inestable, me arrastro custodiada por la guardia civil en dirección a nuestro coche, llevando en la mano el micrófono que no he soltado ni un solo segundo. El móvil vibra, pero me da igual. Pienso en Sergio y todavía me pongo más triste, él no habría permitido que pasara toda esta vergüenza.

La gente que todavía me persigue buscando mi atención no cesa en su empeño de humillarme, y la guardia civil no evita que suceda, es más, me sugiere que para que me dejen en paz y poder alcanzar el coche sin incidentes me haga con ellos la foto que se les ha antojado coleccionar.

Miro atrás.

Y así, con el sabor amargo todavía de miles de vidas y miradas que se agolpan, veo a los hijos de puta que han quebrado mi voz y roto en dos mis ilusiones.

Esos mismos que precipitarán que al día siguiente por fin todo se joda.

Me hago las fotos, totalmente desfigurada, y nos marchamos. No a casa, sino a Medina del Campo, a preparar el directo donde hace rato que me esperan y así enviar las imágenes que hemos grabado.

Todo discurre a continuación con aparente normalidad. Pero también allí me piden demasiadas fotos en las que hoy me cuesta un mundo aparecer con una sonrisa. Me parece que todos van disfrazados de lobo feroz. Poco importa lo que siento. Es mi personaje el que toma las riendas ahora que yo no puedo cabalgar como de costumbre, y solo quiero dar media vuelta y marcharme de allí dejándolos a todos plantados.

La gente insiste en inmortalizar el momento, mientras yo noto cerca el latir de mi corazón. Debo de llevar muy mala cara, porque los encargados de un Natur House del municipio me instan a entrar. Su amabilidad y una Coca-Cola se convierten en un salvavidas antes de entrar en directo en Telecinco y contarle al presentador del programa, Jorge Javier Vázquez, y al resto de los colaboradores cómo ha ido el encuentro con los príncipes esta mañana.

Al margen de la información que les proporciono, les regalo todo lo que sé hacer a estas horas: sonreír y mentir.

A nuestra vuelta, la conversación entre Raúl y yo es apagada. Y si no fuera porque percibo que está cansado y temo que se duerma, apoyaría con los ojos cerrados la cabeza en el cristal del coche para tratar de acallar las voces de mi interior sollozando en bucle. Tengo las ganas de viajar al día siguiente a Aranda de Duero totalmente decapitadas. Bueno, las ganas en general.

Es de noche cuando por fin puedo descalzarme en casa. A estas horas Sergio ya conoce lo ocurrido. Solo quiero cenar lo que sea, darme una ducha caliente, borrar con jabón lo sucedido y prepararme para el día siguiente.

7 de octubre de 2010, Madrid

No soy capaz de reconstruir este día por más que lo intento. Los DVD me sitúan en directo en el plató de *Sálvame* a primera hora de la tarde, pero también a bordo de un coche en dirección a Aranda de Duero con un cámara llamado Edu, del que nadie parece tener referencias ni conocer.

Me da rabia no poder rehacer con precisión las horas previas a nuestro saludo.

No tengo muchas ganas de conversar con alguien a quien no identifico y recurro a banalidades.

En el viaje hacia Burgos de nuevo percibo muy de cerca las bocinas de la mañana, las prisas, los semáforos frenándonos, el móvil sonando, Twitter que no descansa, mi madre deseándome un buen día... Y la canción de Katy Perry retumbando en mi cabeza, la banda sonora de un momento concreto de mi vida, la que me da el pie en el plató.

Y así transcurren las horas. Estando pero sin estar.

Y así es como pasa el día hasta que el sol se esconde y ponemos rumbo a Madrid.

La nada hasta que cae la noche y me hundo en el asiento camino de Madrid, agotada. Recuerdo, con la vista puesta en las líneas de la carretera iluminadas, que es el cumpleaños de la madre de Sergio y la llamo durante el trayecto para felicitarla. Pero la conversación se la lleva el viento, me siento extraña, despersonalizada, como si me observara a mí misma desde fuera. Al colgar no sé si ha sido real.

Casi dos horas después llegamos a Madrid. Tengo hambre. Y no sé cómo ni en qué momento decido cenar con un cámara desconocido, ajeno a lo que me sucede, en un restaurante asiático en pleno corazón de la Gran Vía llamado Umami. Supongo que elijo hacerlo porque no he tenido ni un puñetero minuto para acercarme a comprar algo de cenar, y no quiero tener que recurrir un día más a los preparados de sobre que guardo en un armario blanco de la cocina.

La cena discurre tranquila, a base de caldos, fideos y glutamato monosódico, sin demasiada charla. No es esta mi mejor cita. Me duelen los pies y no recuerdo la última vez que hice deporte o descargué adrenalina que no fuera por estar jurando.

Le mando un mensaje a Sergio, preocupado desde ayer, y le digo que lo llamaré cuando llegue al apartamento.

Observo la cara del tal Edu y me pregunto: «¿Realmente me compensa vivir de prestado como lo estoy haciendo ahora?».

El cámara me deja después de cenar en el portal y subo en el ascensor con el pelo alborotado, los clips de las extensiones tirando de mí hacia atrás y muy sola. Enciendo la luz del salón y observo al fondo las cortinas del mirador, completamente acristalado, unidas con pinzas de colores para que nadie me vea desde fuera. Pienso en lo que diría mi madre en estos momentos y le doy la razón.

Acudo al baño lo primero y enseguida llamo a Sergio.

Lo hago desde mi habitación, frente al armario lacado en blanco. Marco el número y me contesta sin apenas escuchar el tono, me estaba esperando. Me habla con ganas y queriendo saber de mi día sin filtros, le contesto con inquietante normalidad. Sostengo el móvil en la oreja derecha. E igual que a veces quieres contarle tantas cosas a alguien que las palabras se atropellan entre sí, las mías de repente no fluyen. Pienso una cosa y mi boca dice otra.

No lo entiendo. Vuelvo a intentarlo. No lo consigo.

Me pongo muy nerviosa.

Sergio me llama al otro lado. Escucho decir «Adriana, Adriana, Adriana». Sabe que nunca bromearía con algo así. Me esfuerzo en explicarme, pero lo cierto es que nadie más podría entender lo que trato de decir salvo él.

Mi voz solo reproduce una palabra.

Mi cerebro se ha desconectado de mis labios.

El terror invade esta estancia de Lagasca, 67.

Sergio me pide por favor que intente llegar hasta la puerta del apartamento, la deje abierta y luego vuelva a la habitación y me tumbe en la cama. Tengo que conseguir abrirla. «Por favor, Adriana, hazlo. Y luego túmbate en la cama. No te preocupes de nada. Voy a llamar a la ambulancia, pero primero abre la puerta».

Aparto el teléfono de mi oreja, estoy desubicada, oigo la voz de lejos.

Desorientada, entre lágrimas, consigo caminar hasta la puerta y acierto, no sé con qué mano, a girar el pomo. La oscuridad se abre paso, el pasillo está desierto. Dejo de oír, pero no he colgado, trato de atinar a ponerme el móvil en el oído. Sergio me explica, intentando mantener la calma, que me va a colgar para pedir ayuda. Me da miedo que lo haga y no poder volver a hablar con él. Me asusta perder el conocimiento. No sé qué me pasa. Me pongo a prueba rogando que mi cuerpo me responda, pero solo puedo pronunciar esa maldita palabra que nada tiene que ver con lo que quiero decir.

Suena el móvil y casi cuelgo, tiemblo mucho y temo que se me caiga de las manos.

Transcurridos unos ocho minutos, tal vez nueve, llega la policía nacional. Se asoman por la puerta y preguntan si pueden pasar. Yo no reacciono como lo haría habitualmente. Soy como un animal agazapado que no se atreve a emitir ningún sonido por si lo que escucha de nuevo no tiene sentido. Sergio continúa al teléfono tratando de calmarme, pero no atino a hablar bien. Escucha conversar a los agentes. Consigo levantarme de la cama. Los veo mirar las pinzas de las cortinas y mi cara descompuesta. En medio de la inconsciencia soy más consciente que nunca de mi situación. Me muerdo la lengua, porque no soy dueña de mis movimientos.

Poco después, cuando llega el Samur, ya puedo expresarme y hacerme entender, pero soy la versión más desdibujada e incoherente de mí misma.

Los médicos me preguntan, lo primero de todo, si me he drogado. Nunca lo he hecho, aunque sorprendentemente no sé si me creen, y por alguna extraña razón adivino lo que están pensando, que trabajando en la tele no sería de extrañar que aún llevara restos de coca en la nariz. Estoy profundamente triste y desorientada. Me hacen seguir su dedo con la mirada, tocarme con los dedos la punta de la nariz, contestar a sus preguntas: mi nombre, edad, dónde me encuentro, qué he hecho hoy y qué estaba haciendo cuando ha ocurrido todo esto.

Sergio llama a José Muro. Mi representante, que estaba en mitad de una cena, se persona allí en cuanto puede.

La médica especialista, los enfermeros y los técnicos de la ambulancia consideran, sin dudarlo, que tan solo ha sido una crisis de ansiedad y me ofrecen un diazepam «vía sublingual».

Mi hermana aparece. Ella vive en Madrid, en una buhardilla de la calle El Escorial, pero nunca nos vemos. María tiene sus amistades y yo trabajo en un programa que no ha visto nunca porque nuestros mundos son muy diferentes.

Jamás me he medicado con un ansiolítico, pero no dudo en colocarlo debajo de la lengua, tal y como me han sugerido. Aunque llevo el rímel corrido y la ropa puesta, me tumbo en la cama y poco a poco me dejo llevar. La última cara que veo es la de mi hermana.

Sergio en algún momento de esa madrugada se tumba a mi lado. Se ha jugado la vida en la carretera, lo sé, pero por la benzodiazepina tengo la lengua de trapo y solo puedo cerrar los ojos tranquila porque, pase lo que pase, estoy con él.

No conformes con el diagnóstico sanitario de la noche anterior, al día siguiente acudimos Sergio y yo a Urgencias del hospital de La Princesa.

He sufrido una afasia del habla.

La resonancia cerebral no sale bien.

Mi mundo del revés.

Me ingresan en la séptima planta y decido llevarme el secreto conmigo.

Porque ¿quién va a querer contratar a alguien tan vulnerable como yo?

REGRESAR A LA INFANCIA

Vamos de paseo (¡pi, pi, pi!)
en un auto feo (¡pi, pi, pi!),
pero no me importa (¡pi, pi, pi!)
porque llevo torta (¡pi, pi, pi!)

LOS PAYASOS DE LA TELE,
«El auto de papá»

No hemos nacido para ser perfectos.

No hemos nacido para ser felices todo el tiempo.

Y probablemente esto es lo que más me ha costado entender, teniendo en cuenta que mi infancia transcurrió durante los años ochenta y noventa y nuestros padres deseaban que alcanzáramos la excelencia en todo lo que ejecutábamos. Y lo hacían, de manera errónea, mientras se vanagloriaban de que su hijo era el más guapo, el más listo y el más sano. El único que viajaba en avión cuando casi nadie más lo hacía, o montaba a caballo los fines de semana mientras los demás solo lo hacían en bici. Y yo los escuchaba, con atención, desde mi baja estatura. Eso era lo que más importaba, prevalecer sobre los demás.

Mis padres también fomentaban la competitividad entre mi hermana y yo de manera inconsciente, improvisando juegos para ver quién era la primera de las dos en ponerse los zapatos o el abrigo porque tal vez llegábamos tarde al colegio, o para ver quién se terminaba antes el plato porque se hacía tarde y era hora de dormir. Conseguían en tiempo récord el objetivo y era divertido, pero sin darse cuenta normalizaban la competitividad como una forma de relacionarnos entre nosotras.

También en el colegio se imponía un sistema de calificaciones en el que había ganadores y perdedores a los que sonrojar. Se medían no solo los logros, sino también quién era el más alto, quién tenía más amigos, quién jugaba mejor al fútbol, qué niña era la más elástica en las clases de gimnasia o tenía mejor letra. Siempre había alguien que salía victorioso de cualquier comparación, y el resto tenía que conformarse con las sobras.

Hoy en día lastro conceptos que nos enseñaron y que trato de desaprender.

Me doy cuenta de los mensajes tan contaminados que ha ido grabando en mí la sociedad desde que tengo memoria, y tal vez por eso recuerdo mis primeros años de vida esforzándome en capturar el elogio en labios ajenos para sentirme validada en lugar de tratar de disfrutar de lo que implica ser niña: jugar e imaginar.

En aquella década de energía contagiosa nos vendieron mentiras, nos aseguraron que solo si ocupábamos un lugar destacado en la vida esta tendría sentido. Y muchos tratamos de buscar, desde bien pequeños, el éxito de puertas hacia fuera.

Aquello iba de sacar tu tenderete a pasear. De ser visto. De generar envidias, aunque te diera urticaria lo que hacías, como ese jersey de lana que picaba pero era el más bonito que nadie había visto jamás, y por eso no te lo quitabas de encima.

Cuánto se pierde al vivir intentando ser siempre el mejor.

El camino más corto hacia la frustración pasa por vivir compitiendo. Retarse continuamente es una condena, es el lado sombrío de querer brillar a toda costa, como las estrellas en el cielo, incluso las que ya no existen pero hacen creer al mundo que sí aunque se hayan apagado. Porque a veces nos importa más lo que parece que lo que es.

Y es por eso por lo que en ocasiones se hace necesario regresar al pasado para entender el presente. Porque te das cuenta de lo que no fuiste capaz de ver entonces, con tus ojos de niña. Aquellos que te han llevado hasta donde estás hoy.

Y así comienza mi historia, a golpe de disciplina, sacrificio y pasión.

Como si fuera ayer, me veo alcanzar con ocho años, de la mano de mi padre, el Conservatorio Municipal de

Danza de Zaragoza, en la calle Domingo Miral, 3, en el antiguo Cuartel de Palafox, de un porte innegable. Aparcábamos nuestro Opel Vectra blanco cada tarde entre semana después del colegio, con el fantasma de los deberes que había que terminar antes de acostarse en mi mente.

Acudía con el pelo recogido en un moño, un maillot blanco dentro de la mochila y unas medias claras tan gruesas como feas. Yo quería ser como la protagonista de *Las zapatillas rojas*, a mi madre le encantaba esa película. Recuerdo el olor del conservatorio, la austera recepción nada más entrar, los pasillos de hospital de guerra, el corcho del pasillo donde se colgaban las hojas de papel explicativas, el romántico puente de cristal que atravesábamos después de pasar por el vestuario y en el cual a veces nos cruzábamos con Ramón Taulé, el profesor guapo. Las vigas de madera recorriendo el alto techo de cada estancia, los grandes ventanales y las puertas blancas antiguas, sus cortinas azules, los fluorescentes sostenidos en el espacio por una encrucijada de barras de metal rojas que iluminaban nuestros pasos, las barras inestables en las que nos sujetábamos, la resina dentro de unas cajas situadas en las esquinas, a mi profesora, María José Casas.

Cuando la música del piano comenzaba a sonar, en las aulas del conservatorio deslizábamos nuestras zapatillas tras memorizar el ejercicio que marcaba la profesora y que yo raras veces retenía porque mi imaginación se perdía tras las ventanas de ese lugar en el que las prisas se detenían y no se escuchaba el ruido de la calle.

Mientras mis compañeros de clase patinaban, echaban amistosos de fútbol en el patio del colegio Agustinos Recoletos, jugaban al escondite, al popular juego del elástico o a ¡churro va!, yo pasaba las horas entre *pliés, relevés, pas de bourrée* y otras cursiladas francesas.

Cuando salía del conservatorio por las noches, con las farolas encendidas, mi padre y yo volvíamos a casa sin perder tiempo y cenábamos rápido, con la voz de mi madre de fondo, que quería que me acostara pronto ese día, preguntándome si de alguna manera podía ayudarme con los deberes. Cada vez que me acostaba, descontaba otro día de la semana, y calculaba los que quedaban para disfrutar del ocio propio de mi edad que me proporcionaban los sábados y domingos: los paseos sobre mi bici BH roja, los patines blancos de cuatro ruedas con los que compartía piruetas con mi vecina Paloma y las risas que me regalaban las viñetas de los tebeos de *Zipi y Zape* y *Mortadelo y Filemón* que se acumulaban en casa de mi abuela.

Durante esos dos días las cosas se ejecutaban más despacio, sin agobios. Así pues, el viernes era una niña feliz por todo lo que el fin de semana prometía, pero el domingo por la tarde, la emisión en la televisión de *La pantera rosa* vaticinaba otra semana de punteras, madrugones y obligaciones que me aguaba la fiesta.

Pienso en los domingos y automáticamente mi bisabuela Carmen cobra vida. Ella me habría dado grandes consejos cuando los he necesitado. Era luz y nunca parecía tener prisa. Me da pena que no conozca a Luna, siempre le dije que jamás sería mamá y resulta curioso que años después sienta que serlo es lo mejor que he hecho en la vida, y lo más auténtico.

Chapoteo en los recuerdos y me veo a mí misma alcanzar el portal en compañía de mis padres y mi hermana, más pequeña que yo, al mediodía. Subía las escaleras escandalosamente, como queriendo anunciar mi llegada, y al traspasar esa puerta robusta marrón brillante, como tapizada con miel, besaba a mi abuela Aurora en la mejilla antes de saludar a mi bisabuela Carmen, casi siempre en la cocina. Los olores de sus guisos resucitan en mi mente.

Las estancias de papel pintado de aquella casa me encantaban. Allí no hacía falta aparentar ser quien no eras. Esa casa era un refugio.

Cuando ponía un pie en su interior me limitaba a escuchar hablar a mi abuela Aurora, calzada con sus inconfundibles zuecos de madera —que más de una vez hizo volar por los aires para darnos a mis primas y a mí con muy poca puntería—, de sus telas o chismes de vecindario.

Y es que mi abuela se dedicó a la costura desde muy joven, hasta alojar en ese mismo piso su propio taller, en el que trabajaban ella y ocho mujeres más. Pasé muchas horas en aquella vivienda a la que acudía también cuando la fiebre me impedía ir al colegio y mi madre no se podía hacer cargo de mí porque tenía que trabajar.

En el probador de casa de mi abuela, un gran espejo enmarcaba una de las paredes. Una mesa de mármol y un tresillo Luis XV presidían la sala sobre una alfombra gigantesca en la que yo jugaba muchas veces. Allí mi abuela Aurora me hizo los mejores disfraces del mundo. Aquella estancia estaba llena de figurines entre los que las clientas seleccionaban los modelos que más les gustaban y que mi abuela les confeccionaría después de tomarles las medidas con una cinta métrica de color amarillo. Cuántas veces han ceñido esa cinta llena de números alrededor de mi cuerpo a lo largo de mi vida, riñéndome cuando no me ajustaba a las medidas estándar.

Me crie escuchando embobada las historias que contaba mi abuela mientras aguantaba los alfileres entre sus labios sin lastimarse y, de cuclillas, les cogía los bajos a las señoras. Me hablaba de los desfiles y las maravillosas modelos que veía en las pasarelas. Tal vez eso explique por qué me dejé engatusar por esa fantasía cuando tan solo tenía quince años y todavía no sabía nada de la vida.

El único revés que recuerdo durante esos años lo sufrí cuando yo tenía seis o siete años: Rubén, un niño de mi clase, un día dejó de venir en el autobús de ruta al colegio por culpa de un bulto en el cuello. Lloré mucho al decirle adiós sin comprender por qué el benévolo Dios del que hablaban los curas del colegio se lo había llevado. Aquel niño no se podía morir, no era viejo.

Creo que fue entonces cuando experimenté por primera vez lo que es el miedo. Al miedo irracional a la muerte se sumaron otros: el temor a quedarme pegada en el desagüe de las piscinas, a los chicos que llevaban navaja en el bolsillo para asustar, a las sinuosas serpientes como la de nuestra enciclopedia Salvat de color hueso, al desconsuelo de imaginar siquiera quedarme sola cuando mis padres me acostaban en nuestro piso de ochenta metros de Pedro IV el Ceremonioso número 10, a rozar una procesionaria de las que aguardan bajo los pinos, a los callejones oscuros o el que me daba la sola idea de clavarme una jeringuilla de las tantas abandonadas en los parques de la ciudad.

Pero en la casa de Corona de Aragón me sentía a salvo.

Y así mataba yo las horas en la casa de Corona de Aragón de mi infancia que respondía al número 976452549 (que más tarde se convertiría en el 976552549): escuchando las historias de mi bisabuela, retrocediendo con un boli las cintas de casete vírgenes que grababa una y otra vez con mi voz en la radio del taller, viendo las palomitas de maíz escapar de la sartén en todas direcciones mientras trataba de pillarlas al vuelo sin parar de reír, aprendiendo a cascar nueces en la puerta de la cocina, vistiendo con las telas de los muestrarios a mis muñecas y cenando los sábados que me quedaba a dormir con *Informe Semanal*, procurando no oír el reloj de cuco de los vecinos, que siempre fue una pesadilla cada vez que marcaba la hora.

Pero los domingos, cuando escuchaba decir a mi bisabuela «Mañana es día de escuela», la sonrisa se borraba de mis labios. Volvían las punteras, los deberes y las prisas. También la agotadora sensación de tener que encajar con mis amigos de clase a toda costa.

Dotada de una imaginación sin límites, vivía afincada en un mundo de fantasía. Mi madre nunca supo si culpar a Disney de mis ensoñaciones, esas que me distanciaban de mis amigos, que siempre me pareció que crecían demasiado deprisa, cuando yo solo buscaba que mi vida fuera como la de los cuentos. Y es que tendemos a idealizar cómo deberían ser nuestros padres, nuestros días, y a mi edad era difícil comprender que no hay nada ni nadie perfecto.

Por aquella época andaba enamorada de Christopher Reeve (Superman) y Miguel Bosé, de los dos. De hecho, no había cosa que ansiara más al llegar a casa que escuchar las canciones de este último en el tocadiscos de mi casa mientras trataba de capturar con los dedos los *guppys* y discos de la pecera sin que me viera mi padre.

Durante muchos años creí que en la letra de «Sevilla», Miguel Bosé en lugar de decir «a Triana» mencionaba mi nombre. «Amante bandido» se repitió en mi casa de Pedro IV el Ceremonioso hasta que el vinilo murió rallado bajo mis dedos.

Mi madre se casó con mi padre a los diecisiete años, mi padre tenía veintiséis. Estudiante de Magisterio, se empeñó en ser mamá muy pronto, al contrario que yo. Siempre fue una madre cariñosa, la juventud es energía, pero también inmadurez, y no debió de ser fácil criar a una niña con tan solo veinte años. Además, de pequeña sufrí convulsiones febriles que obligaban a mis padres a subir corriendo la rampa de Urgencias del Hospital Materno-Infantil del Miguel Servet a altas horas de la madrugada con un bebé con los ojos en blanco en los brazos. En las primeras páginas de mi novela *Lo que moja la lluvia* no describo otra infancia que la mía propia, con la voz de la protagonista, Cecilia.

El primer recuerdo que conservo se sitúa poco después de cumplir dos años, al fondo de una habitación blanca llena de cunas, en el hospital. Mis padres aparecieron de repente por la puerta trayendo consigo dos Barriguitas: un hada de pelo rubio y una bruja pelirroja, también un armario blanco con vestidos para ellas. Tengo grabada a fuego la alegría de verlos a lo lejos, bajo el efecto de la Luminaletas y con la sensación de la piel todavía fría de los baños de agua helada que utilizaban para bajar la fiebre —ahora prohibidos— y que me habían hecho volver a convulsionar. No entiendo cómo puedo recordar con tanta nitidez algo que sucedió siendo tan pequeña, en una etapa en la que los niños sufren amnesia y la curva del olvido hace que nunca más vuelvan a revivir esa época en su mente.

Era a mi madre (Merche para los amigos y la familia, pero Mercedes en el DNI) a la que más echaba de menos cuando mis padres no podían permanecer conmigo. Y es que de alguna manera extrañaba que mi padre, Jesús, me prestara más atención, absorbido siempre por sus horarios de trabajo y su indiscutible genio. Cuando le prodigaba alguna muestra de cariño a mi madre incluso sentía celos. Yo quería a mi madre para mí sola.

También recuerdo esperar a mi madre en los jardines de la Ciudad Universitaria con mi abuela Aurora, siempre presente, mientras mi madre hacía recados y recogía papeles en el edificio Interfacultades, después de terminar la carrera de Magisterio.

Cuando cumplí diez años, mi madre supuso que lo mío no era el ballet, en vista de que me esforzaba en inventar múltiples excusas y dolores para quedarme en casa. No siempre funcionaba, y más veces de las que habría querido acababa vestida de bailarina levantando la mano cuando María José pasaba lista en ese lugar envuelto en el sonido del piano.

Finalmente, tomamos la decisión de cambiar el ballet por la gimnasia rítmica. Según mis padres, hacer deporte era algo muy sano para el desarrollo de una niña que pasaba la mayor parte del tiempo sentada frente a un pupitre. Una pequeña parte de mí lamentó que ya no bailaría nunca sobre punteras *El Cascanueces* o *El lago de los cisnes* en brazos de un apuesto bailarín que me hiciera volar sobre las butacas de un gran teatro.

Y así fue como una tarde, después de una prueba de acceso, comencé mi andadura como gimnasta en el Club Escuela de Zaragoza, en los bajos de un edificio de La Romareda, frente al estadio de fútbol, no lejos de mi casa. Presidían la pared unos aros olímpicos. Comencé a bajar a aquellas mazmorras cada tarde, con mi botella de Isostar y la intención de no desilusionar a mis padres, que aseguraban que el esfuerzo siempre se veía recompensado con grandes logros. También para alimentar esa pose de artista de cara a la galería, que conseguía a veces amortiguar las burlas de algunos compañeros del colegio que malintencionadamente intentaban joderles la infancia a los demás.

No hay que menospreciar jamás el poder que tienen los niños de hacer daño.

En lugar de elegir una extraescolar para divertirme, desarrollar la elasticidad y el sentido del ritmo o sociabilizar, me lancé de cabeza, casi sin pensarlo, a ese mundo con olor a Reflex que es la gimnasia rítmica de competición, con todo lo que ello conlleva.

Y de esta manera, con una coleta tirante, una camiseta blanca en la que una gimnasta saltaba como una gacela sosteniendo una cinta en la mano, y un chándal de tactel azul, blanco y rosa me dejé llevar sin darme cuenta.

La verdad es que me encantaba ser una mera espectadora y observar a las gimnastas realizar sus ejercicios, como si no les costara nada cuando detrás había una disciplina casi militar.

Bajo las órdenes de nuestras entrenadoras, Nancy Usero y Ana Iranzo, de lunes a viernes echábamos las horas en los bajos de aquel lugar que compartíamos con el CAI Zaragoza de baloncesto. Justo cuando ellos terminaban de jugar, nosotras corríamos veloces a desenrollar los tapices que aguardaban en los lados rodeadas de un tufo a humanidad.

Brillantes pelotas, aros, cuerdas, mazas y cintas volaban, y algunas de estas últimas se quedaban enganchadas en las canastas. Y entre ejercicio y ejercicio observaba las alucinantes coreografías que montaba Nancy, en las que yo deseaba participar pero que estaban pensadas para gimnastas con más experiencia.

El ballet corría a cargo de Mar Sanz, una chica de larguísimo pelo azabache que casi siempre llevaba recogido en un moño. Yo iba sobrada, si no fuera porque en los ejercicios de flexibilidad —siempre he creído que debido a mis largas piernas— nunca fui capaz de tocarme los pies sin hacer trampa, cuando el resto conseguía doblarse en dos y hasta besarse los tobillos. Con los años he descubierto que tengo los isquiotibiales cortos. Además, todos los movimientos se ejecutaban con la pierna derecha, y yo soy zurda de cintura para abajo, por lo que no podía lucirme como me hubiese gustado.

Algunos días tocaba correr de noche alrededor del

Estadio de La Romareda y lanzarnos balones medicinales, subir y bajar escaleras, poner a prueba nuestra resistencia con el odioso test de Cooper.

Nos hacían periódicamente pruebas de esfuerzo en las que el pegamento de los electrodos se quedaba adherido en la piel, hasta provocar sarpullido. Yo me ponía roja como un tomate y con el pecho a ronchas.

Los gritos se intercalaban con las canciones de las coreografías del Club Escuela. Alguna vez las entrenadoras se relajaban y festejaban los triunfos con una sonrisa. Pero cuando las cosas no salían según lo programado, el castigo más cruel se cernía sobre nosotras. Ana nos colocaba entre dos bancos haciendo el *espagat* hasta que rompíamos a llorar. Pasé muchos meses ejecutando posturas imposibles que hace años que soy incapaz de repetir.

Antes de las competiciones, casi siempre en invierno, nos concentraban en Soria. Allí, nada más llegar, nos requisaban las chucherías y nos pesaban en una báscula. Echaba de menos mi casa y hacía un frío polar.

También recuerdo el tacto tibio del maillot antes de salir a hacer nuestros ejercicios en las exhibiciones que tenían lugar en el Huevo, como llamamos vulgarmente al Palacio de Deportes de Zaragoza, mientras escuchaba desde los vestuarios las músicas de otras gimnastas retumbando en las paredes, casi siempre de nuestro eterno rival, el Club Zaragozano. Me viene a la cabeza el olor a cloro y humedad de la piscina, muy próxima. Puedo sentir, después de tantos años, la falta de destreza en las nerviosas manos de nuestras entrenadoras tratando de trazar una línea recta de *eyeliner* negro en nuestros ojos, insistiendo en que sonriéramos, pasara lo que pasara, sobre el tapiz. La emoción de la grada. Los altavoces a pleno rendimiento. La tensión que crecía a medida que se acercaba nuestro turno. Los calentamientos de última hora en los angostos pasillos. Los choques de manos con las compañeras y entrenadoras antes de salir en fila con la cabeza bien alta y el corazón atropellado.

Y durante los años que aguanté en el Club Escuela de Zaragoza, repitiendo ejercicios hasta el hastío y la desesperación, viví de cerca la presión de todas aquellas que despuntaban y pasaban a competir en ejercicios individuales. En ese lugar experimenté por primera vez el éxito y el fracaso. Asimismo, me vi obligada a esforzarme incluso lesionada, cuando por mis venas no viajaba la excusa de la desmedida pasión por la rítmica que compartían algunas de mis compañeras, a las que me fascinaba ver doblarse y arquearse sobre el tapiz como si les faltasen huesos. A las que vi llorar muchas veces a la sombra de los focos, las mismas que me vieron llorar a mí.

Y en esos años tontos aprendí que el deporte de competición engancha, te mantiene viva, pero hace que cada caída sepa a despedida.

Apearme de aquella locura, antes del campeonato de España por equipos, fue liberador. Tal vez la medalla que más codiciaba era precisamente la de volver a casa cada tarde sin tener que demostrar nada, porque a mi alrededor ya sabían de lo que era capaz.

Crecí con la sensación de haber sacrificado demasiadas horas de mi tiempo. Y no se me ocurrió mejor manera de recuperar parte de este que entrar en el grupo de *scouts* de mi colegio.

Los fines de semana viajábamos con una pañoleta amarilla y morada anudada al cuello al Pirineo Aragonés o a algún pueblecito perdido subidos en el autobús que conducía uno de nuestros monitores, Nacho Fau. Bajo la supervisión también de Gerardo Rodríguez, Agustín Romo y Blanca Torres, una vez en nuestro destino, cada una de las patrullas montaba a conciencia su tienda de campaña clavando las piquetas en el suelo con cuidado de no toparnos con una piedra —qué bien nos habría venido una de esas instantáneas de ahora que se abren solas al lanzarse al aire—; una vez levantada, abandonábamos la mochila dentro dispuestos a pasárnoslo bien. A muchas horas de donde estoy hoy, me veo caminando en fila, con las rodillas llenas de moratones y cargada como una mula, por la carretera en dirección a vivir alguna aventura haciendo vivac con un reducido grupo de personas de mi edad, en el que uno hacía de guía, con la intención de pasar la noche al aire libre, despreocupados, carne de secuestradores, con las cantimploras llenas repiqueteando con nuestros pasos como las campanas de una iglesia, unas onzas de chocolate para cada uno y unos cubitos de Avecrem con los que prepararnos un caldo para templarnos si lo precisábamos en algún momento.

El ayuno intermitente lo descubrieron en los noventa los *scouts* de mi colegio.

A veces teníamos la suerte de que nos dejaran las llaves de una escuela en la que pasar la noche, pero no siempre era así, y de repente caía el sol y nos sorprendía en mitad del monte. O la lluvia hacía acto de presencia. Y yo solo sentía las hojas moverse a mi alrededor.

Sin teléfonos móviles ni medicinas.

Una fantasía, visto así, desde la distancia. Seguro y controlado.

Pero sobrevivíamos, y seguíamos tocando la guitarra alrededor de un fuego en el campamento base, comiendo bocadillos de salchichas que calentábamos en la hoguera, mordisqueando palos de regaliz que encontrábamos en la tierra y bebiendo leche condensada, fácil de transportar en los viajes.

Disfrutaba mucho de aquellas salidas, aunque a ratos continuaba sintiendo esa distancia inexplicable con la gente de mi edad que me hacía sufrir. Durante las noches de convivencia hablábamos los unos de los otros, sentados en círculo como los miembros de una secta, en torno al fuego. Nuestra forma de ser salía a debate, la de todos, buscando la unidad. Abrigados hasta las cejas y con las caras sepultadas tras un extraño juego de luces y sombras, aquello era una tortura. Parecía una obligación tener que agradar a todo el grupo, en un mundo que, por lo que sé, nos hace pensar que debemos encajar siempre. Y precisamente tratar de gustar siempre era y es un error, pues dejas de ser tú mismo. Pero allí se premiaba con palabras y alabanzas.

Esas noches pretendían ser un puente entre los problemas y las soluciones, pero distaban mucho de conseguirlo.

Y cuando te acostabas en tu saco de dormir eran las palabras dolorosas las que regresaban a tu mente y se confundían con los búhos y los grillos del campo. Las buenas se perdían nada más pronunciarse en la asamblea de *scouts*, en la que parecía que nos hubieran drogado con el suero de la verdad. Al día siguiente era imposible reconciliarse con todo lo pronunciado y tratabas de ser amable, aunque mis gestos me traicionaban porque en realidad lo que deseaba era mandar a la mierda a más de uno. Ahora siento no haberlo hecho, porque las palabras que se quedan dentro se enquistan. Y porque lo que nos molesta del otro muchas veces tiene que ver más con nosotros de lo que pensamos.

En aquellas reuniones era de las que pensaba en voz alta lo que decía en voz baja. Nunca llegué a entenderlas.

Conservo muchas anécdotas de las excursiones. De las salidas en las que teníamos la suerte de tocar la nieve y bajar deslizándonos por ella encima de nuestras capas impermeables, como una vez que nos alojamos en una casa de piedra junto a la preciosa estación de Canfranc.

También fue en el seno de los *scouts* donde conocí al chico con el que experimentaría lo que es correr rápido. Nunca había corrido a tanta velocidad en mi vida, y lo hice agarrada de su mano durante un juego en el parque grande de Zaragoza.

Mi primer beso de tornillo —como lo llamaba la revista *Vale* de la época— fue con él, en el porche de mi casa de La Romareda, donde tantas veces había jugado al escondite, a policías y ladrones y a otros tantos pasatiempos que hoy en día echo de menos en las calles.

Fue un beso torpe, cargado de nerviosismo, de ganas y de dudas. Creo que llegué a abrir los ojos para comprobar si él lo hacía. Con la práctica mejoramos un poco.

Recuerdo perfectamente su nombre y dos apellidos, pero prefiero conservar su anonimato.

CANCIÓN DE LA PROMESA

Una promesa, un ideal,
un corazón mirando a Dios,
una esperanza, una ilusión,
alertas para servir,
de hacer un mundo algo mejor.
Por eso somos scouts,

llevamos siempre delante,
por norte la flor de lis.
Un mar de estrellas nos guiará,
hacia la paz del campamento,
donde la amistad es ley,
y un deber vivir contento.
Si el camino se hace largo,
piensa, hermano, que solo no estás,
hay más scouts *a tu alrededor,*
dándote fuerzas para llegar.

El verano llegó.

Y con el buen tiempo, también la dura tarea de tener que tomar decisiones: seguir estudiando en el colegio Agustinos Recoletos o empezar en el instituto. La falta de vínculos con los alumnos del B y el hartazgo religioso cada vez más evidente en mí me hicieron decantarme por lo segundo. Y como no quería de ninguna manera coincidir con ninguno de los que en mi última etapa escolar me jodieron a diario, evité inscribirme en el instituto Miguel Catalán, pegado al colegio que me había visto crecer desde párvulos, y en el que nuestra señorita Puri nos enseñaba las vocales dentro de unos globos de colores en el libro de su mesa, a la que acudíamos de uno en uno. Su mesa olía a gomas de borrar. Las mismas que yo necesitaba para hacer desaparecer algunos episodios vividos en esa escuela en la que también reí, bailé y jugué muchísimo.

Y esa decisión determinó más que ninguna mi destino.

En la misma calle donde vivían mis abuelas se encontraba el instituto Corona de Aragón. Me matriculé allí por una cuestión de comodidad: podía ir a pie cada mañana atravesando la Ciudad Universitaria y comer luego con ellas.

Era septiembre y volvíamos de las vacaciones en La Guardia, en Galicia. Ese verano fue importante porque por fin me bajó la regla, precisamente el día que visitamos la catedral de Santiago de Compostela, como si fuera un milagro. Era la única de mis amigas que todavía no usaba compresas como las que anunciaban en la tele y cada mañana observaba con decepción el impoluto algodón de mi ropa interior. Nunca iba a dejar de ser una niña.

Cuánto deseamos correr cuando somos jóvenes, todo el día buscando los atajos que nos precipiten a la edad adulta.

Y eso que mi madre me repetía, cuando me impacientaba por no ir al ritmo de las demás, que aquello era una suerte, porque cuanto más tardara en ovular más alta sería. Y, efectivamente, cuando atravesé las puertas de entrada de ese instituto yo ya había alcanzado el metro setenta y dos de estatura.

Por aquel lugar en el que no había grandes puertas que se cerraban cuando todos los alumnos entraban, niños bien, ni crucifijos, solo circulaba gente mayor que yo. Y de corazón que deseaba con fuerza empezar de cero, sin los prejuicios de un colegio en el que ya no estaba a gusto, tal vez buscando volar más libre.

Enfundada en unos tejanos, crucé unos pasillos que daban vértigo, quizá porque el ambiente era muy diferente al de mi infancia, aparentemente segura de mí misma y sintiéndome muy mayor, aunque ni por asomo lo fuera.

Y, de repente, lo vi.

Cruzaba con un chándal azul de Adidas el pasillo del instituto con una mochila de colores de Mistral. Rubio. Atlético. Ojos azules. Mirada desafiante.

Y allí me quebré un año entero deshojando margaritas y buscando en mi imaginación llegar a la escena del beso.

No sé cuántas veces escribí su nombre en los márgenes de los libros de texto.

Sergio.

Y así fue como el primer día de instituto, de una manera totalmente inesperada, empecé a no poder pensar en nada más que no fuera él.

Hasta hoy.

ROMPERSE EN AÑICOS

Todo lo que yo era se quedó en las impersonales estancias de la séptima planta del hospital de La Princesa.

Me acuerdo del momento en el que me dieron el alta y volví a respirar el aire frío de la calle, después de haber pasado una semana entera sometida a todo tipo de pruebas. Entre ellas, una que requería que no me durmiera, y en la que Sergio me mantuvo despierta contándome historias para que no me venciera el sueño.

Sergio decidió ausentarse del trabajo tras una conversación telefónica con su empresa, Porcelanosa. Les dijo que debía quedarse en Madrid porque no me encontraba bien. Le recordaron, con cierta indulgencia, que yo no era familia, pero qué otra cosa podía hacer él que no fuera estar a mi lado. Pese a no estar casados, no había nada ni nadie más importante que yo en ese momento. Lo entendieron.

En el transcurso de esos siete días, que fueron eternos, se sucedieron multitud de llamadas telefónicas, muchas de las cuales no atendí, o lo hizo mi familia. La verdad es que no tenía una respuesta convincente que ofrecer.

La seguridad del hospital tuvo que echar a unos fotógrafos que merodeaban cerca de las habitaciones, y nos vimos obligados a bajar al departamento de atención al paciente, que me ocultó en su base de datos para que nadie que preguntara por mí supiera que estaba ingresada.

Había dejado de aparecer en pantalla de la noche a la mañana, como esos aviones y barcos que se volatilizan en el Triángulo de las Bermudas, nadie sabía nada de mí. A los más cercanos les dijimos que era estrés. También a mi representante, que me envió desde la agencia un bonito ramo de flores, aunque siempre me ha dado mucha pena que me regalen flores porque se marchitan. Prefiero la vida de las plantas, la vida en general.

Lo cierto es que a veces hay que romperse para comenzar de nuevo. Hacer una escala en el trayecto de la vida para decidir si quieres proseguir el vuelo tal y como estaba trazado o prefieres meterte en la cabina del piloto y hacerte con los mandos.

Con todo, cuando vuelven a lanzarte a la vida te sientes muy vulnerable y terriblemente insegura. Hasta ese momento había creído que era invencible, que nada malo podía ocurrirme. Sin esperarla, la incertidumbre se abrió paso: no sabía si abandonar la televisión y volver a mi ciudad natal o continuar como si nada ante los demás para no tener que tirar lo conseguido hasta entonces por la borda y sentir que hacerlo no había servido para nada.

Continué.

El 20 de octubre de 2010 me senté en el plató de *Sálvame*, muy nerviosa. Vestía un top negro, una falda de color arena y unas calzas negras; quería verme bonita y olvidar mi imagen en ese camisón lavado cientos de veces. Me acomodaron en un sillón, como a los personajes entrevistados en el programa. Jorge Javier soltó sin previo aviso en directo que había sido hospitalizada. Me sentí acorralada. Compartíamos el mismo representante y era evidente que, gracias a su estrecha relación con él, sabía lo que había sucedido en mi apartamento. No supe qué contestar, esquiva, y me refugié detrás de mi personaje para no llorar en directo ante millones de personas. Le dije delante de toda España que no entendía por qué le daban tanto bombo y platillo en las revistas y en el programa a algo sin importancia.

Era más que evidente que no quería dar detalles, aun así, Jorge Javier insistió:

—Pero ¿qué ha pasado? —me preguntó fijando su mirada en la mía.

Recogí con los brazos mi cuerpo y contesté con la mano tapando parte de mi boca.

—He ido como una moto, el cuerpo me ha dicho «¡Para!» —concluí intentando restar trascendencia a una conversación acompañada por una oportuna música de tensión.

—Tuvo que ir una ambulancia a tu casa —pregonó a los mil vientos.

—Yo no la avisé, estaba hablando por teléfono con alguien y fue esa persona quien lo hizo —contesté, celosa de mi vida privada.

Él me observaba esperando más explicaciones. Yo solo quería largarme de allí.

—Simplemente no encontraba las palabras, no podía hablar, las mezclaba —revelé para salir cuanto antes del atolladero.

Respiré profundamente tratando de contener mi pesar.

—En serio, la gente va a pensar que me ocurre algo, y no me pasa nada, ha salido todo fenomenal, me han hecho pruebas que no sabía ni que existían. Sabes lo poco que me gusta hablar de mi vida privada. No soy nadie —zanjé.

Pocos días después, a la salida de plató, Carlota Corredera me propuso participar en *La caja*, el primer *reality* psicológico del mundo —idea de La Fábrica de la Tele, la misma productora de *Sálvame*—, en el que los participantes se sometían durante varios días a una sesión de terapia personalizada que terminaba en el interior de una gran caja llena de pantallas de ocho metros de ancho por seis de altura. Sentados en una butaca, los personajes recibían una serie de estímulos audiovisuales que impactaban directamente en su cerebro. Así lo cebaban desde las entrañas sus creadores. Se experimentaba con el miedo, el amor, la rabia, la alegría y el dolor, haciendo que las víctimas viajaran, supuestamente, hasta el inconsciente.

No quería participar en esas mierdas, solo quería que todo continuara sin incidentes, distanciarme de ese maldito día tachado con una cruz roja en mi agenda. Quería escapar del tiempo hacia delante a mucha velocidad, volver la vista atrás y comprobar que nada malo me había vuelto a pasar.

A mi directora le dije que lo sentía, que no me veía exponiéndome de esa manera en televisión. Le agradecí la propuesta, en el fondo creo que Carlota fue la persona del programa que más me apoyó durante aquella época —pese a su fama de tener mala hostia— y le tengo un cariño especial. Sabía que lo único que querían en Telecinco era hacerme realmente fuerte en la cadena, darme minutos, protagonismo.

Pero no a cualquier precio, pensé.

Acababa de recibir mi lección más preciada. Si no me cuidaba yo, nadie lo haría por mí. Porque a veces las cadenas o las grandes productoras no distinguen entre personas y productos. Así es este negocio. Y yo estaba allí para recordármelo, en adelante, cada mañana. Tendría que habérmelo tatuado en la cara en ese preciso momento.

Mi madre deseaba que me apeara de ese tren que se había descontrolado. Me dijo que con salud podía empezar una y mil veces, pero sin ella no. Y que tal vez había sido muy precipitada mi reincorporación.

Lo que sucede es que en la tele nadie es imprescindible, me recordaba muchas veces José Muro: lo que no hagas tú lo hará otra.

Me di cuenta de que seguía compitiendo como había hecho toda la vida, solo que esta vez además le echaba un pulso a mi presente, al que no quería mencionar en voz alta para que no fuera tan real.

Y con un contrato de alquiler que se extendía hasta el año, decidí volver a empezar, consciente de un panorama que me aterraba: el de no poder controlar según qué variables de mi vida. Necesitaba cuidarme para no verme abocada a sufrir como estaba sufriendo entonces, comer bien, hacer ejercicio físico en la bici estática que mis padres me trajeron de mi casa de Zaragoza e instalaron en el salón.

Y en ese mes de noviembre de 2010, en cuanto pude, hice las maletas y abandoné aquel apartamento en el que recordaba en bucle los momentos vividos. Me marché a vivir al número 69 de Diego de León, justo enfrente de la entrada principal del hospital de La Princesa, y aunque juro que fue casualidad, necesitaba tener cerca a los doctores José Vivancos, Virginia Meca y Florentino Nombela, que conocían toda mi verdad.

Mis miedos irracionales de niña se convirtieron en miedos reales.

Y cuando Sergio tuvo que regresar a Zaragoza de pronto me encontré de nuevo sola, con la fría compañía de esos dos móviles que me daba pánico apoyar en mi oreja, por si se me volvía a descontrolar el lenguaje hablando con la persona que hubiera al otro lado.

El cuerpo susurra y si no lo escuchas, grita. La ansiedad se instaló en mí desde el mismo momento en que puse un pie en la calle después de que me dieran el alta en el hospital de La Princesa. Perdí la confianza en mí misma. Sé que suena triste. Mi cuerpo había chillado muy fuerte y no le había hecho caso, así que me había topado de bruces con las consecuencias.

Sin embargo, el ritmo del programa no me permitió demasiadas pausas ni licencias para ejecutar mi tarea con más orden o descanso. Los disfraces, las horas de grabación y los viajes no disminuyeron, sino todo lo contrario, a medida que el cariño del público por mi personaje crecía. No lo hacía tanto el de Raúl Prieto, que incluso en una ocasión me envió a cubrir un directo al Pazo de Meirás, en Galicia, habiéndome jodido el menisco y roto de manera parcial el ligamento cruzado anterior bailando en plató el día de antes, al girar la rodilla bruscamente.

Atravesé la T4 sin equilibrio, arrastrando mis secretos, la pena y mi pierna izquierda por el aeropuerto, sintiéndome gilipollas por no haberme negado a viajar en esas condiciones. Pidiéndome perdón por no estar cumpliendo la promesa que me había hecho. Sabiendo que, si no me cuidaba yo, nadie lo iba a hacer por mí.

Aún no sé cómo me sostuve en pie toda la jornada hasta la noche, cuando regresé a casa.

Aquello realmente me enfadó, y comencé a rehusar disfrazarme cuando pensé que la gran fábrica de ideas que escondía la sala de reuniones del programa ideaba apariciones más de circo que graciosas, en un momento en el que mi nombre sonaba fuerte para presentar *Supervivientes* en Honduras, desde la isla, junto a Jorge Javier, que siempre supo sacar lo mejor de mí en nuestras intervenciones, en las que yo ponía todas mis ganas.

Fue en mayo de 2011, dentro de la sala contigua a la redacción en la que están los jefes, cuando, sin previo aviso, despidieron a su «reportera estrella», que era como me llamaban en las noticias. Pensé que todo el esfuerzo había sido para nada. Me acompañaba José Muro. La reunión capitaneada por Prieto fue memorable, no hubo ni un ápice de cariño en las palabras que daban por concluida mi andadura en el programa.

Pedí, por favor, que me dejaran despedirme de la audiencia, pero no me lo permitieron.

Y allí estaba yo escuchándolos sin oírlos, como si su voz fuera un eco, reteniendo mi ira por cómo me había comportado conmigo misma en la ristra de meses en la que ellos habían sido mi única familia, a tenor de las horas invertidas. Como un pañuelo de usar y tirar, atravesé la redacción en dirección a la puerta con Óscar Cornejo en el pensamiento, que siempre había estado cerca, pero que no había aparecido en esa ocasión. La gente de producción se despidió con la mirada, pegados a sus sillas y a un contrato que les impedía involucrarse más de lo necesario. Intuí que nadie quería verse salpicado por lo que adivinaban que acababa de producirse.

A medida que me alejaba de la sala de reuniones fui diciéndole adiós a un personaje que había tirado de mí cuando yo era incapaz de seguir. Me despedí de todos los políticos que me habían contestado tantas veces, de Casa Real.

Y cuando estaba a punto de perder de vista ese universo en el que me había movido los últimos meses de mi vida, durante los cuales había morado por los mejores y los peores pasajes de mi vida, alguien me cogió de la mano.

Me di la vuelta y David Núñez me abrazó con fuerza. Consiguió desmontarme en cuestión de segundos, perdida en su cabello pelirrojo. Fue justo lo que necesitaba.

Bajé las escaleras, creyendo que sería por última vez, y me vi en la calle, con los ojos llenos de lágrimas, pero inexplicablemente liberada.

Mi representante y yo salimos de allí.

José Muro curvó sus labios con aquel gesto que lo ha caracterizado siempre y que resta intensidad a todo. Amante de la música, el arte y la estupidez, tal y como se describe él en redes, me llevó a su coche y en dirección a mi casa. Con la música de fondo que coleccionaba, no fui realmente consciente de que mi despido, aunque un mal trago, probablemente era lo mejor de cuanto podría haberme sucedido.

Hay derrotas que uno debe celebrar con toda el alma.

Sin embargo, cuando la noticia de mi salida se hizo pública, me sentí obligada a inventar una coartada. Sabía, antes de que me echaran, que estaba en las quinielas para presentar un programa nuevo que estaba preparando Mandarina, en Cuatro, bautizado como *No le digas a mamá que trabajo en la tele*. La isla de *Supervivientes* era otro caramelo, había crecido viendo a Paula Vázquez en biquini ganándose con su espontaneidad y frescura a la audiencia y, pese a que me aterraba marcharme tres meses sola a un lugar con una infraestructura sanitaria precaria, no podía despedirme del sueño de sustituirla.

Mi teléfono no dejaba de sonar y yo tenía el síndrome de Estocolmo, no quería que precisamente la productora que me había dado mi primera gran oportunidad en la nacional se convirtiera en villana a los ojos de los demás. Pensaba en Óscar Cornejo y se me arrugaba el corazón, no entendía cómo yendo de su mano había aceptado tal desenlace, cuando lo había considerado mi mentor y había desplegado mis ilusiones a su lado. Mi juventud no me permitía hacer un juicio de valor fiable de lo sucedido.

Por eso les dije a todos esos periodistas que me habían acariciado en sus líneas desde mi primera aparición que la decisión de abandonar el programa había sido el resultado de no llegar a un acuerdo en cuanto a mi personaje, dejando claro que en ningún caso había sido por una cuestión económica. Dolida por cómo se habían desarrollado las cosas, sin embargo, declaré que me había marchado en busca de nuevas aventuras, que necesitaba parar porque me sentía cansada y, en ese paréntesis, saber si la televisión era lo que realmente deseaba.

Pero hubo alguien, en la cúspide del organigrama de Mediaset, a quien le molestaron mucho mis palabras. De repente, mi nombre dejó de sonar para presentar aquellos formatos.

Mi salida parecía el apocalipsis en boca de todos. La gente me preguntaba constantemente por *Sálvame* en mi vida cotidiana, buscaban culpables que nada tenían que ver con mi historia.

En *Sálvame* no volvieron a hablar de mí nunca más. En los *photocalls* de los eventos a los que iba invitada, ninguno de los reporteros me grababa ni se dirigía a mí cuando pasaba a su lado, como sí lo hacían el resto de los programas o medios.

Parecían tener orden de hacer desaparecer lo que un día crearon.

Pero yo había sacrificado mucho y no estaba dispuesta a convertirme en un juguete roto.

Después de mi salida, mi mente se mantuvo ocupada y decidí no volver a ver el programa jamás. Comencé a presentar eventos, como los Premios Men's Health, a protagonizar editoriales y portadas de revistas muy interesadas en calcular qué parte de mí era persona y qué parte, personaje, a acudir a las galas que organizaban algunas publicaciones y marcas importantes. Enseguida vimos que mi popularidad crecía pese a no continuar en Telecinco, y que no paraban de hacerme regalos.

Aquel año presenté los especiales de las galas de Navidad en Aragón TV y las campanadas desde la plaza del Pilar, vestida con un brillante vestido azul sin mangas de Amaya Arzuaga, dirigidos por Armando Gallego, gran amigo mío.

Las circunstancias me brindaban en tiempo récord un abanico de posibilidades que no habría imaginado jamás. Sin embargo, yo me hallaba en una espiral de temores difícil de describir. El trabajo era la medicina que necesitaba para no analizar demasiado la angustia que copaba mi ocio, cuando todo quedaba en silencio. Pero el mismo trabajo secuestraba la calma que necesitaba mi vida, en la que intercalaba las visitas a la consulta de Neurología con los focos que no me permitían ver más allá.

Cuando una tarde, al regresar de un evento, me senté a hablar conmigo misma, con las luces a medio gas, me di cuenta de que a veces huyes hasta que se te olvida qué ha hecho que te sientas así de mal. Estaba jugando al escondite, y prefería publicar fotos en las que parecía que lo estaba pasando increíblemente bien que preocuparme de si, en efecto, lo estaba disfrutando.

Decidí volver a Zaragoza en el momento más dulce de mi popularidad. Sabiendo que Pop Management no compartía mi decisión de marcharme y asumiendo las consecuencias que derivarían de ello.

Puse tierra de por medio.

Había dedicado mucha energía a tratar de agradar, incluso a costa de mi felicidad. Y aunque era consciente de cuánto había construido sin haber pensado nunca que lo conseguiría, la ansiedad lo estaba saboteando todo. Además, la mentira se me había quedado adherida a la garganta.

El 7 de octubre de 2010 me perseguía por cada rincón. Estaba tan atenta a la respuesta anormal que pudiera mostrar mi cuerpo que mi obsesión resultaba enfermiza. Me observaba las manos, la cabeza, la respiración, la piel...

El ruido vestía mis días, lo escogí para no ser tan plenamente consciente de mi cuerpo y de mis sensaciones. Ponía la tele de fondo para que me acompañara cuando estaba en casa sola, con el corazón desbocado. Nunca había experimentado lo que era la ansiedad hasta entonces, lo que supone sentir que estás a punto de morir, al borde de un precipicio, aunque luego todo discurra como siempre.

Notaba el cuerpo tan tenso que estaba agarrotada,

resistiendo esos episodios desconocidos para mí hasta entonces que no podía evitar, chocando una y otra vez contra la misma pared, haciendo frente a esos ataques de pánico que suplicaba que pasaran rápido.

No recuerdo las veces que acudí por la noche a las urgencias del hospital zaragozano que me había visto nacer y en el que habían tratado mis convulsiones febriles de pequeña. A veces iba al Hospital Clínico para repartir mi vergüenza, aunque la certeza de que algo me estaba sucediendo era más fuerte que esta. Me medían la saturación de oxígeno en la sangre con un oxímetro en el dedo y me dejaban horas sentada en la sala de espera hasta que por aburrimiento y sueño a menudo me marchaba sin ser atendida, tras ver cómo se sucedían desgracias que sí eran reales.

Pero no estaba loca, todo tenía un porqué, y me oprimía la idea de estar tan lejos del hospital de La Princesa, conocedor de todos mis informes. Y eso que hubo veces que pensé que estaba perdiendo el juicio. Veía mi cordura desaparecer por el desagüe del lavabo junto a ese sudor frío que aparecía y desaparecía como por arte de magia.

Las crisis ocurrían sobre todo cuando la casa estaba en silencio, un silencio que evitaba a toda costa pero que por las noches era irremediable. Acostada en la cama, con Sergio al lado, que enseguida se dormía —muy a mi pesar—, intentaba sentir la pesadez de mi cuerpo para relajar los músculos. Pero, sin que nadie lo hubiese avisado, un monstruo visitaba nuestra habitación y me hacía comenzar a hiperventilar. Se me dormía la piel del pecho y el cuello, me pellizcaba y no lo sentía. Se me dormían los brazos y las piernas se volvían débiles. Y entonces me sentaba en la cama como un resorte y avisaba a Sergio, que era incapaz de calmarme.

Me acostumbré a tomar un Orfidal cada vez que me veía envuelta en aquella nube gris que no me dejaba vivir el presente. Ese estado afectaba de manera significativa a mi vida, me sentía muy dependiente porque no me atrevía a quedarme sola. De hecho, dejé de conducir, ponerme al volante era como entrar en un videojuego, no me parecía real. Vivía despersonalizada. Me observaba a mí misma desde fuera de mi cuerpo, sin capacidad para repararme. Sin un parche que solucionara todo aquello. Cuando viajaba localizaba previamente los hospitales más cercanos por si algo me sucedía.

Yo antes no era así.

Supuso un infierno sonreír ante la cámara para llorar por las noches después. Pero incluso inmersa en aquella situación que negué durante tanto tiempo, en el piso de Zaragoza que adquirí nada más terminar mis estudios —creyendo que siempre viviría allí—, pasé meses sin poder pensar en otra cosa que no fueran los pasillos de Mediaset, incapaz de entender por qué no contaban ya conmigo.

Hasta que finalmente obtuve una respuesta.

Un día me citaron a una reunión con el consejero delegado de Mediaset España, Paolo Vasile, en su despacho.

Fui sola, pero no sincera, de lo cual me arrepiento muchísimo. La habitación estaba llena de televisores. Me senté frente al emperador romano de la televisión en España, que siempre había defendido que no existe la televisión buena o mala, sino la televisión que la gente ve y la que no ve. El mismo que, según las revistas, desayunaba todos los días cinco galletas maría.

Tragué saliva. En aquel sillón, los dos solos y sin interrupción alguna, me sentí pequeña. Hice un barrido rápido de mi vida y fui consciente de la angustia de esos periodistas que llevan muchos años picando piedra en televisión y que, si me hubiesen visto allí sentada, probablemente no habrían entendido la oportunidad que le estaban brindando a una recién llegada. Yo tampoco, seguramente.

Pues allí estaba yo, queriendo saber qué había hecho mal, frente a aquel poderoso hombre de pelo blanco que se mostraba afable y abierto a dialogar.

Y su pregunta no se hizo esperar.

—¿Por qué te fuiste?

No la quería pifiar y volví a proteger a La Fábrica de la Tele, productora de confianza. Me hice responsable de mi salida. Él manifestó, con un acento que me recordaba a los años que viví en Milán, que le había dolido una entrevista que había dado a la revista *Lecturas*.

Hice memoria.

En ella aseguraba que el motivo de mi salida nacía de mi decisión de no querer encasillarme, supongo que rebotada por el desapego del que había hecho gala el programa y los cambios que habían emprendido para ridiculizar mi sección y tirar todo lo que había logrado por la borda: totales con Mariano Rajoy, Esperanza Aguirre, Alberto Ruiz-Gallardón, ministros socialistas, los Príncipes..., y sin un redactor que me hiciera la cobertura. En la entrevista declaraba que el programa no me había cuidado, cosa que admitió Jorge Javier en una publicación más adelante en la misma revista que lidera Luis Pliego. También hablaba de mis ganas de asumir nuevos retos.

Parecía desagradecida, aunque en realidad había sido tremendamente benévola.

Me habría gustado haber tenido el valor de afirmar que habían sido ellos los que ya no contaban conmigo, que el programa me había dado la patada después de todo, pese a que el público del que no había podido despedirme aplaudía mi supuesta decisión de marcharme.

Evité mencionar también que mi salud se había ido a la mierda por complacerles durante todo ese tiempo, olvidándome en algunas ocasiones incluso de comer. Y que ahora no sabía si sería capaz de reconducir mi rumbo.

Mi discurso no tenía ninguna coherencia, porque ni

yo misma creía la sarta de mentiras que giraban en torno a mi desaparición. Un polígrafo me habría traicionado al finalizar cada frase.

En definitiva, Paolo se había tomado mi salida como una ofensa, porque él había confiado en mí desde el principio y yo me había bajado del tren en marcha. Me lo dijo. Supongo que lo había defraudado. Pero a quien más había defraudado era a mí misma por ocultar la verdad, rechazando incluso la ayuda de un profesional, que tan bien me habría venido, porque me daba miedo que se filtrara lo que me había sucedido.

Se apoyó en la mesa y, en una reunión teñida de promesas de futuro, me dijo que quería que volviera.

Se hizo el silencio.

Solo veía una manera posible de regresar. Lo miré con atención. Que lo hiciera a través del mismo programa del que me había querido desvincular en cada una de las entrevistas.

Era un plan maquiavélico.

Y así fue como accedí a regresar por sorpresa a Telecinco, envuelta en la polémica. A *Sálvame*. A la versión nocturna de los viernes, con sección propia. Al mismo plató. Con Jorge Javier en medio del set. Con idénticos colaboradores. A *Sálvame Deluxe*.

Iba y venía en tren desde Zaragoza y me quedaba a dormir en un hotel muy próximo a Mediaset, en el distrito de Fuencarral.

Regresé a las escaleras que diez meses atrás pensaba

que nunca volvería a pisar. Completamente indefensa, impuesta y expuesta. Para honrarlos a todos. Había accedido a los deseos de Paolo Vasile, estaba allí.

Absuelta.

Ellos cumplieron y yo también. Un fugaz paripé.

MI TABLA DE SALVACIÓN

Fue a continuación cuando me embarqué en lo que iba a ser mi bote salvavidas: escribir una novela de ficción.

Dije que sí en cuanto me lo propuso el Grupo Planeta. No imaginé lo terapéutico que iba a ser teclear en esas noches en las que no era capaz de dormir. Me mimeticé completamente con la protagonista de la historia, y eso me permitió ir olvidando la mía propia.

Tenía muchos sentimientos que volcar en el papel y, a medida que sumaba páginas, notaba como el nudo que me aprisionaba el cuello se hacía cada vez más pequeño, cautivada por la nueva aventura. A todo el mundo que se sienta dentro de un agujero negro lo invito a escribir; escribiendo entras en relación con tu inconsciente, te conecta con él.

Estaba en Zaragoza. Tranquila.

Me di cuenta de que a veces pasamos tanto tiempo persiguiendo los momentos extraordinarios que no prestamos atención a los ordinarios, los instantes que, si nos los arrebataran, más echaríamos de menos: despertarme junto a Sergio, pasear por la calle sin prisas, ver una película en el cine, besar, las cenas con los amigos de toda la vida, las risas en el coche de vuelta recordando anécdotas, meterse con los pies fríos en las sábanas rígidas recién lavadas de la cama...

Las relaciones humanas son como unos brazos que te ayudan a salir, y forcé que tuvieran lugar.

Se impuso el orden en mi vida, necesitaba volver a la disciplina, no podía seguir metida en el caos. Cada vez notaba la cabeza más despejada, entretenida en una historia que me consumía: la de mi libro *Lo que moja la lluvia*, que se desarrolla en París. Era capaz de percibir los olores que describía, incluso el de las calles mojadas, me excitaba escribir ciertos pasajes. Algunas noches en las que las ideas fluían, me levantaba y abría el ordenador.

Era una bonita distracción. Incluso planeamos un viaje para ubicar la novela, en el que temí distanciarme de una rutina que me convenía. De hecho, los días transcurrieron divertidos, ajenos a todo, si no fuera porque una noche Sergio se vio obligado a ponerse en contacto con mi aseguradora después de una crisis monumental lejos de casa, en la habitación del hotel. Eso sin mencionar que un fotógrafo nos siguió durante todo el viaje hasta que regresé a casa, lo cual me exigió mantener el tipo y la buena cara en las excursiones en deportivas por la ciudad, en la que un día caminamos hasta veintidós kilómetros. Pobre *paparazzi*.

De vuelta a Zaragoza empecé a poner en práctica un

gran truco que me fue de mucha utilidad cuando me costaba respirar: las bolsas de papel. Las guardaba en la mesilla para aliviar lo que yo percibía como falta de oxígeno por culpa de haber inhalado aire demasiado rápido, o demasiado profundamente, de manera continuada. Y cuando me sentía como un pez fuera del agua, las bolsas me devolvían a la vida.

Y de esa manera se fueron alejando mis crisis y fui tratando de entender por qué mi cuerpo me la jugaba. Estar bien es perder el miedo a vivir, porque a veces vivir da miedo.

Pasé de tomar una pastilla entera de lorazepam —que me habían prescrito los médicos para que descansara— a tomar tres cuartos, luego a partirla por la mitad y al fin a guardarla en mi cajón de rescate. No quería necesitarla. Fue cuando entendí que el miedo no hay que evitarlo, sino atravesarlo. Que era imposible morirse en una crisis de ansiedad y que los síntomas cederían solos en unos minutos, aunque no me medicara. Después de la tormenta, cuando recuperaba el dominio de mi cuerpo y regresaba a la cama, la lucidez me llevaba de nuevo a la realidad.

Pasé mucho tiempo sometida a un sentimiento de indefensión por no saber cuándo iba a ser amenazada por algo que no existía más que en mi mente. Ese miedo me pesaba como una dura carga al realizar mis actividades diarias, tratando de que no se me notara en este mundo de forzada positividad.

Exigirse estar siempre con la sonrisa puesta acaba siendo tóxico. Esa imposición es una trampa. Sofocar o silenciar el sufrimiento es un error. Los seres humanos somos la suma de muchas emociones, y ninguna en sí misma es mala o buena, no podemos ni debemos etiquetarlas. Tan lícito es sentir amor, ilusión o alegría como envidia, desesperación o inseguridad. Hay que darles valor a todas las emociones por igual y no tratar de desterrar las que consideramos que no son buenas. No hace falta que nos juzguemos cada minuto por sentir miedo, tristeza, rabia o frustración. Es antinatural, estas emociones también forman parte de la vida y no debería darnos vergüenza aceptar que existen.

No conviene reprimir el dolor porque puedes acabar sintiéndote peor. Lo observo en los demás, cuando no soy yo la que se encuentra mal sino otros los que están atravesando un bache. Con la mejor voluntad, tendemos a trivializar sus problemas, a minimizarlos; porque queremos hacer más liviano su sufrimiento solemos acudir a las fórmulas de «todo saldrá bien», «podría ser peor», pero no debería ser esa la respuesta. Quizá su situación sí sea una puta mierda. A veces con estar cerca, callar y entender lo que quieren expresar es suficiente. ¿Por qué tratamos de negar algo tan real? Es preciso normalizar el hecho de no estar bien. Aceptemos lo que sentimos. Las emociones son algo personal, subjetivo y privado.

Entretanto, Madrid parecía estar a más kilómetros

de distancia de lo que estaba en realidad y yo me esforzaba por evitar que el pasado gobernara mi día a día. Empecé a comer mejor, lejos del móvil para que transcurrieran lentas las sobremesas. Llené la nevera de frutas y verduras, dejé de comprar comida procesada.

La adversidad es una oportunidad, y cuanto mayor es la adversidad, mayor es la oportunidad. En lugar de ahogarnos en nuestras miserias, tenemos que agarrarnos a nuestra fuerza vital, lo único que nos queda cuando estamos perdidos.

En una ocasión oí decir que necesitamos un villano en nuestra vida para crecer, el villano es el motor que hace que nos pongamos a trabajar para lograr un objetivo. El malo malísimo en mi caso era la salud, que me robaba la concentración necesaria para continuar como si nada. Pero si me esmeraba en que pasara el tiempo sin más tropiezos, eso me daría alas para recordarlo todo muy vagamente, con distancia.

Para eso debía hacer deporte, estar tranquila, prepararme para mi siguiente proyecto de televisión, para que este fuera solo un plan ilusionante.

Sin embargo, toda la vida he pecado siempre de lo mismo: soy muy impaciente, lo quiero todo para ayer. Soy adicta a los calendarios y las agendas. Seguramente somos muchos los que pasamos el día proyectando en ellos nuestras aspiraciones y anticipando nuestro futuro, en lugar de ocuparnos de LA VIDA AHORA. Y vivir el presente es lo que nos proporciona el bienestar, la calidad de vida. Es más gratificante.

Respecto al amor, creo que el hecho de tener una relación estable ha ayudado a que los cimientos de mi vida no se tambalearan, lo he visto siempre como una ventaja cuando el resto de las cosas se han puesto feas. Porque a lo largo de nuestra vida, las circunstancias nos pararán en más de una ocasión, es inevitable. Y necesitamos un salvavidas. Hay gente que se agarra, por ejemplo, a la fe, pero yo no soy creyente. La fe son las muletas del ser humano. El amor a los ideales o las creencias hacen que el dolor sea más fácil de manejar, te proporcionan un puntal en el que apoyarte. Incluso el amor a los recuerdos consigue que toleremos mejor el sufrimiento y la vida tenga un sentido. El amor, en general, es importante a la hora de diseñar tu propio destino.

Cuantas más razones tengamos para ser felices, mejor.

En el proceso de volver a sentirme yo misma tuve que tomar consciencia de mi cuerpo. Lo que más me aterraba es que fuera precisamente el cerebro el que constituye todo lo que somos. Nuestra vida es el resultado de caprichosas conexiones y señales dirigidas por este. Somos lo que es nuestro cerebro. Si te fracturas, por ejemplo, una pierna, eres plenamente consciente de lo ocurrido, pero si falla algo en tu cerebro, puedes no darte cuenta de lo que te sucede. A veces incluso dejas de ser tú mismo, como les ocurre a quienes padecen enfermedades tan tristes como el alzhéimer, que olvidan quiénes son.

Cada día, con la comida, me tomaba sin falta la medicación que me habían pautado los neurólogos para evitar nuevos sustos. Me daba miedo saltarme alguna toma o que transcurrieran demasiadas horas desde la última. Me sentía absolutamente dependiente del tratamiento. Pero al ser tan joven, me habían prescrito mantenerlo hasta nueva orden, y hacerme una revisión al cabo de un año.

La salud física es primordial para que haya armonía, pero también es necesaria la salud mental. Y yo cabalgaba entre las dos, tratando de cuidarlas a ambas. Es curioso que no nos percatemos de que estamos sanos cuando todo va bien; la salud es silenciosa, tan solo la echamos de menos cuando nos falla y su falta nos fastidia enormemente.

En el año 2012, mi salud mental dependía de la salud física, la mía y la de mis seres queridos. Tracé un plan para reconquistarme: dormir bien, comer bien, moverme, sonreír más lejos de las cámaras, ahuyentar el estrés, huir de situaciones que me empujaran a ser demasiado negativa.

Traté incluso de meditar, tal y como me sugirió mi madre, pero me pone nerviosa no ser capaz de dejar la mente en blanco, siempre estoy pensando en algo, aunque ese algo sea que no debo pensar.

Reconozco que acudí también a la medicina china.

Me tiré en plancha a consumir hongos medicinales, con múltiples beneficios probados. Tomé *reishi*, que potencia el sistema inmunológico, y melena de león, que no hace que tengas más fuerte el pelo, sino que mejora las funciones cognitivas, estimula el crecimiento neuronal a través de la neurogénesis y repara la mielina, la sustancia que envuelve las conexiones entre neuronas y que es esencial para que viajen los impulsos eléctricos entre ellas. En el hospital de La Princesa, sin embargo, cuando iba a las revisiones nunca supieron de qué setas les hablaba y estos tratamientos les parecían un cuento chino, nunca mejor dicho.

También empecé a tomar aceite de krill, unas gambitas que viven en las profundas aguas del Antártico ricas en ácidos grasos omega 3 y astaxantina, un potente carotenoide responsable del color rojo del aceite.

Incorporé a mi rutina semanal la ósmosis inversa en la bañera de casa, durante quince minutos, para desintoxicar el organismo, después de tomar una taza de té para evitar una bajada de tensión. Hipócrates la recomendaba a sus discípulos como remedio para casi todos los males, y yo quise probarla. Metía mi cuerpo desnudo muy despacio en agua caliente con dos kilos de sal marina sin refinar, para que los poros se dilataran y eliminar toxinas. Se produce una especie de diálisis biológica percutánea, en la que muchos residuos se suicidan a través de la piel en lugar de por los riñones, el hígado o los pulmones. El cuerpo se alcaliniza, eso dicen, y si no, al menos se relaja, sumergido en el agua que recuerda al mar pero sin espuma, casi levitando, sin pesar.

Sirvieran o no aquellos métodos, lo importante es que estaba dispuesta a dejar atrás todo lo malo, cuanto antes mejor. Quería pelearlo.

Durante ese periodo escuchaba mucho más que hablaba, en las vidas más sencillas a veces encontraba la clave. Y es que a menudo aprendemos de quien menos lo esperamos. Mis reflexiones las apuntaba en un cuaderno o las escribía en mi libro a través de la voz de alguno de sus personajes, aunque en sus páginas yo siempre fui Cecilia, y Arnaud, alguien a quien idealicé y de quien me liberé escribiendo.

Sentarme a contemplar contribuyó a mi curación. No sé el motivo por el cual nos hacen sentir culpables cuando no estamos haciendo nada. Disfrutar de una taza de té, saborear los minutos, perderme en una conversación ajena de esas que inspiraban los diálogos de mi novela, despertarme sin alarma... La vida lenta.

La opuesta, la vida rápida, es un veneno del bienestar, una amarga píldora que todos tragamos en algún momento. Vivir a cámara rápida puede ser estimulante, nos mantiene alerta y nos excita, pero si nos pasamos de frenada, nuestro organismo se altera, y eso mismo me sucedió a mí.

Mi sensación era la de haber vivido algo realmente traumático. Y por eso adopté un estado continuo de alerta, me hipervigilaba. Entonces nacieron las amenazas de daño imaginario, que yo sentía como real, que provocaban en mi cuerpo una espantosa reacción de huida: desagradables sudores, terrores, palpitaciones y una mente descontrolada y nublada. Me inhabilitaba para hacer frente a las situaciones de una manera lógica. De hecho, cualquier síntoma me parecía la antesala de algo peor que ponía en peligro mi vida.

A toro pasado, reconozco que fui muy valiente gracias a la resiliencia natural que tenemos las personas. Fui capaz de volverme a instalar en el asiento del conductor y gestionar los obstáculos para recuperar mi estado original, como esas pelotas de goma que absorben el impacto de una fuerza exterior sin romperse y cuando se detiene la presión vuelven a su forma original.

Lo que me había ocurrido el 7 de octubre de 2010 lo interpreté como una muestra de debilidad, me resistí a contarlo y a pedir ayuda por temor a que dañara mi imagen pública o profesional. Y aunque no todo fuera culpa mía, me machaqué mucho dando veracidad a mis pensamientos más destructivos y me centré en esconder los sentimientos, la rabia y el miedo donde nadie pudiera localizarlos. Si me sucediera ahora, no dudaría en hacer una llamada de socorro y me beneficiaría de los buenos consejos, como los que trato de darme a mí misma de nuevo mientras escribo estas líneas. Nos afanamos en confinar secretos dolorosos, por si contarlos pudiese perjudicarnos a los ojos de los demás, y eso a veces nos hace mucho más daño que el que tratamos de evitar.

Como consecuencia de un episodio que nunca sabré si podría haber evitado, mi autonomía se vio mermada de manera irremediable; de hecho, creo que jamás seré tan independiente como antes. Aunque tampoco sé si deseo volver a serlo, estoy bien así ahora que he formado una bonita familia. El caso es que las relaciones afectivas, la familia de la que hablo, constituyen el medio primordial a través del cual vivo los momentos más felices. Y aunque mi relación de pareja con Sergio no es la misma que en la adolescencia, acepto las erosiones del tiempo como algo natural.

En esa época firmé pactos de estado conmigo misma para permitirme volver a la televisión: dejar de ser tan jodidamente perfeccionista, aprender a decir que no y olvidarme de las competiciones. Ironías de la vida, eso trae a mi memoria lo que en ese momento consideré una derrota. Estaba haciendo un reportaje —de los tantos que realicé aquel año— en la casa donde vivía Màxim Huerta, amigo y compañero con el que había presentado en enero de 2011 un concurso llamado *Reality Spa* para Telecinco, durante mi época más deslenguada y osada en *Sálvame*. Los dos recorríamos algunos de los balnearios más famosos de España. Él los probó todos, hasta uno a la intemperie en pleno invierno, el de Mondariz, en Galicia, entre las risas cómplices de los miembros del equipo por si lo sorprendía en bañador la Santa Compaña; yo solo uno, el último día, para no arruinar el trabajo de la gente de maquillaje y peluquería, que habrían puesto el grito en el cielo en mitad de las grabaciones. El caso es que estaba con él y Raquel Sánchez Silva en la bonita terraza del ático de Max, con una luz preciosa. Discurría todo tranquilo cuando de repente sonó el móvil de Raquel. Al colgar, ella tenía los ojos brillantes y se abrazó a Máximo, como le gusta que le llamen ahora. Raquel acababa de terminar su periplo en *Pekín Express*, en Cuatro, y le habían dado una gran noticia: iba a presentar *Supervivientes* desde la isla. Así fue como me enteré de que yo no viajaría a Honduras.

Igual que no recuerdo la primera vez que vi el mar, no sé en qué momento se produjo el clic que hizo que el 7 de octubre de 2010 pasara casi al olvido. Conforme transcurría el tiempo sin nuevas interferencias, yo me iba sintiendo más y más fuerte. Y más y más segura.

PASAR PÁGINA

La memoria es selectiva, y menos mal, porque de lo contrario nos resultaría muy difícil pasar página. A la hora de elegir los recuerdos que almacena nuestro cerebro, si nos esforzamos en tener una actitud positiva, estaremos dando prioridad a los más placenteros y bloquearemos los desagradables. Tanto es así que, si nuestro objetivo es nuestro propio bienestar, seremos capaces de desdibujar los reveses de la vida hasta hacerlos casi desaparecer de nuestro disco duro, pues no guardamos de manera fiel y objetiva la película de nuestra vida. Cinematográficamente hablando, somos una versión reducida de aquello en lo que hemos participado, y capturamos las escenas que queremos que nos acompañen, las que deseamos que perduren.

Nuestra mente no es una grabación exacta de los sucesos que tuvieron lugar, sino que el contenido de nuestros recuerdos está ligado a los valores o necesidades propias que definen nuestra manera de percibir las cosas.

Tal vez por eso hay meses de mi vida que parecen no haber existido.

Estoy en un cine de brillantes butacas rojas con la luz apagada. Aparecen las letras y la música. El título lleva mi nombre. No es la película completa, sino una versión muy corta en la que mi infancia discurre con mucha más claridad que lo que ha acontecido hace poco.

Por eso este libro está siendo difícil de escribir a ratos, porque muchas cosas las había escondido en algún lugar de mi mente y las he vuelto a encontrar cuando las daba ya por perdidas. Y aunque en mi caso mi cerebro barrió los malos recuerdos, no siempre es así. De hecho, las experiencias traumáticas son complicadas de eliminar de nuestra caja negra. Estos recuerdos se mantienen con tanta fuerza que hacen que surja el estrés postraumático.

En un tiempo récord sentí que todo fluía de nuevo e incluso abandoné la medicación, por mi cuenta y riesgo. Me sentía todopoderosa. Me pareció que hacía una barbaridad que había habitado los bajos fondos y me calcé la sonrisa como había hecho hasta no hacía mucho.

Enseguida me vi capaz de volver a hacer malabares cada minuto de cada hora para llegar a todo, porque era lo que se esperaba de mí y porque necesitaba regresar a Madrid y salir de Zaragoza. Estaba cansada de ver siempre las mismas caras, pasear por sus aceras y responder preguntas que se clonaban entre sí.

Había escrito la última página de *Lo que moja la lluvia*, la había llorado de principio a fin durante mi vía crucis. Y con las penas enterradas y la ilusión a flor de piel, me embarqué en un nuevo programa diario para las sobremesas de La Sexta de la productora 7 y Acción, la misma de *El Hormiguero*, donde fuimos a presentarlo.

Atrás había quedado mi etapa de «chica Telecinco», me había cansado de esperar y las promesas no se habían cumplido. Había maquillado mi pasado, como si este no fuera conmigo. Juro que era como si se hubieran equivocado al darme el diagnóstico y nada de aquello hubiera sucedido realmente.

Opté por no volver a adoptar la figura de ningún personaje en mis intervenciones televisivas para no olvidar quién era. La representación bajo tu nombre real hace que a veces no sepas a quién atribuir las opiniones, los éxitos o los fracasos, confunde al público y, lo más terrible, te confunde a ti misma.

Por eso, mi primer día en ese programa fuera de lo más extraño. Quién era yo.

Mi labor se desarrollaba en un plató hecho de cartón capitaneado por Florentino Fernández, quien se fijó en mí el día que me llevó de invitada a *Otra movida*, en Neox. Me ofreció formar parte de aquel programa, pero José Muro sentenció que era una cadena menor y que merecía estar en una generalista. No creo que fuera la mejor decisión, pero tienes que confiar.

Había llegado la hora de emprender mi camino en La Sexta, y estaba ansiosa. Pero en la primera cita para hablar del proyecto que teníamos entre manos, en una comida, se me atragantaron las ilusiones por culpa de alguien, cabeza de cartel, que desde el minuto uno me hizo el vacío y apenas me habló.

Nunca nadie me había tratado así, porque precisamente soy una de esas personas que persiguen que las cosas sean fáciles, sobre todo cuando se necesita pintar la vida bonita.

Ahora puedo decir que he aprendido a desdramatizar e incluso a perdonar.

Sin embargo, en ese momento no era consciente de la falta de control de mí misma y no estaba preparada para más zancadillas. No quería volver a vivir una competición, quería participar en un reto en equipo en una cadena en la que había estado a punto de trabajar al quedar finalista en el *casting* que hizo *Sé lo que hicisteis* para sustituir a Pilar Rubio, dos semanas antes de mi prueba para presentar *Fresa ácida* en Telecinco, en la cual salí elegida.

Hicimos un programa piloto para que todo fuera rodado en el estreno. Me sentí desnuda, como si fuera la primera vez que aparecía en televisión. Mi papel había generado muchas expectativas y no quería desilusionar a nadie, y menos a Flo, pero tampoco quería recurrir a mi personaje. Lo había aniquilado mucho antes de sentarme en la silla de cartón que se fundía con mi nuevo color de pelo, un castaño que pretendía ser un comienzo y que dejaba atrás el rubio que me había hecho famosa y por el que tanto me habían puesto en entredicho.

Pensaba que un color de pelo más oscuro me haría más creíble y la gente me tomaría más en serio, vista esa creencia absurda que afirma que las rubias son tontas. Vivimos en una sociedad que arrastra estereotipos como este, el del rubio asociado a actrices como Marilyn Monroe o Jayne Mansfield, que incluso explotaron esa imagen. Listas que fueron. En fin, estos clichés están tan arraigados en el inconsciente colectivo que acaban por convencerte, así que decidí cambiarme el color del pelo, cuando en realidad mi rubio era mi seña de identidad, un foco de luz.

En ese plató lleno de cajas no me sentí a gusto la primera vez. Recuerdo que Flo me pidió al terminar que fuera a hablar con él. Me dijo en un pasillo apartado que lo había decepcionado, con el semblante muy serio. No supe qué contestar. Me hizo sentir muy triste, creo que había otras maneras más constructivas, de cara al estreno, de hacerme saber que no me había notado cómoda.

El síndrome de la impostora se apoderó de mí, se agolparon las dudas, me cuestioné si era válida para la televisión. Tal vez mis brillantes intervenciones en *Sálvame* habían sido tan solo un espejismo. Quizá ya nunca volviera a ser la misma. ¿Y si la frescura y la espontaneidad se habían disipado durante los últimos meses? Podía ser que al final no hubiera pasado el tiempo suficiente para reconciliarme con un plató, para echarlo de menos, igual que al público, sus aplausos, a los juicios en esa ciudad sin ley que sigue siendo X (el difunto Twitter).

El día del estreno me esmeré en ser lo que querían que fuera, pero con la pena de haberle fallado al que se había empeñado en que estuviera allí.

Detrás de las cámaras, los colaboradores eran realmente agradables y me volqué en ellos para disfrutar de la experiencia lo mejor que supe. Pero ella seguía obviándome y se escondía detrás de su cigarro, lo hacía incluso en maquillaje. Y yo me esforzaba por limar las asperezas, cualesquiera que fueran, aunque al final siempre me las hacía pasar putas.

Luego he comprendido que cuando pasa esto, cuando alguien reacciona así contigo, la responsabilidad no es tuya, hay algo que funciona mal en esa persona, no en ti.

Aquellas instalaciones quedaban veladas por el humo de los cigarros de numerosos miembros del equipo, y, aunque sin música, parecían una discoteca de los noventa. Doy gracias a que ahora ya no sucede esto en ningún plató. Algunos, antes de ponernos ante la cámara, nos comíamos un plátano, que da una energía adicional, sobre todo si es la hora de la siesta, pero otros liberaban tensiones con un cigarro en la mano detrás del decorado. Qué se puede esperar de una sociedad que a los niños nos vendía cigarrillos de chocolate para que jugáramos a ser mayores mientras los sosteníamos entre los labios. Durante meses me convertí en una chimenea humana de segunda mano, y lo más gracioso de la situación era que los que no compartíamos esa afición teníamos que aguantarnos porque si no éramos unos cenizos, ironías de la vida. Invito a hacer una reflexión al respecto.

El olfato es el sentido más poderoso de todos y nos permite configurar nuestra vida, nuestras emociones, nuestros recuerdos, y mi etapa en *Así nos va* olía a humo. Yo no quería que mi salud volviera a precipitarse al vacío. Pero como en los trucos de magia, mi atención estaba puesta en lo más obvio, en las manos del mago, y no me percataba de lo que estaba sucediendo justo detrás. El humo del tabaco creaba una sucia ilusión óptica que me tenía despistada, porque lo peor se iba gestando dentro de mí.

Tenía mucha tela que cortar, mi agenda era un largo listado de tareas por hacer y los días transcurrían de manera atropellada. Entre semana acudía a *Así nos va*, aunque en ocasiones grababa algunos temas fuera del plató. Recuerdo muy especialmente el programa en el que me bañé con leones marinos y tragué agua, inmensamente feliz, otro en el que salté de un trampolín a una piscina olímpica, o ese en el que besé a Miguel Bosé, cosa que si de niña me hubieran contando que haría no habría podido dormir en mucho tiempo (claro que también le planté los morros a Santiago Segura en una sección que compartía con él en *El Hormiguero*, en aquella época en la que todavía no habíamos vivido una pandemia y daba besos a diestro y siniestro sin miedo a enfermar, al menos por un virus).

Los viernes corría con una pequeña maleta a tomar el AVE en dirección a Delicias, la estación de Zaragoza, puesto que los sábados madrugaba para grabar *Me gusta Aragón*, el programa estrella de Aragón TV, que presentaba junto a Marianico el Corto, al que por cierto también besé emulando una despedida en blanco y negro en un andén cuando pusimos punto y final a nuestra muy seguida aventura, cosa que hice de corazón, porque Miguel Ángel Tirado siempre fue un compañero generoso que me siguió el juego con complicidad. Fumaba tres paquetes diarios de Ducados, pero lo hacía en la calle y no molestaba a nadie. Recuerdo que mi bisabuela Carmen y yo intentábamos aguantar la risa cuando lo veíamos en *No te rías, que es peor*, un programa de Televisión Española, en las sobremesas de mis años escolares.

Los sábados de 2013 regresaba ya de noche con las mejillas rojas por el sol y el pelo enmarañado después de vivir intensamente la esencia de los pueblos más bonitos de Aragón, que son muchos, y no lo digo porque sea de allí. Cuánto echo de menos tener cerca el Pirineo. *Me gusta Aragón*, patrocinado por Turismo de Aragón, era un rotundo éxito, pero las grabaciones resultaban agotadoras. Descubríamos lugares y gentes por toda la comunidad, sin un euro en el bolsillo (recordad que en la tele todo es mentira), y vivíamos experiencias inolvidables. Nuestro equipaje consistía en una mochila, un teléfono móvil y una muda. En ese programa hice un descenso de río en pleno invierno en Ayerbe (mi productora Loreto y yo tardamos media hora en volver a sentir el cuerpo debajo de una ducha de agua caliente), serví comida como mesonera en Calatayud encarnando a la Dolores, me batí en duelo por ser la más rápida sobre un kayak en La Estanca, en Alcañiz, y corrí una trepidante carrera en el circuito de Motorland, me desafiaron en un partido de hockey sobre patines en la pista de hielo de Jaca, desfilé con tacones (tengo vértigo) por la pasarela de Alquézar, escapé de una cárcel, me casé de mentira en Ansó, utilicé una motosierra como en *La matanza de Texas*, me convertí en una experta pastora y ordeñé cabras, me esmeré en ser la primera pelando patatas y aprendí a hacer cuajada con la flor del cardo, entre otras cosas.

Mientras tanto promocionaba mi libro, por lo que dejé de tener tiempo para mí, una vez más.

Incluso me abrí cuenta en una nueva red social llamada Instagram (@adrianaabenia), aunque a regañadientes, porque me robaba mucho tiempo y ya tenía Twitter para leer los comentarios sobre los programas a tiempo real.

Por qué no decirlo, estaba hasta en la sopa.

Mi nueva morada se situaba en la calle Juan Bravo esquina con Serrano, en un tercero. En el ático vivía mi representante, fue él quien encontró mi nuevo hogar. Lo llamé así desde el principio porque necesitaba sentirlo mío, no un lugar de paso como los anteriores, pero me seguía faltando Sergio para recordarme lo que parecía haber olvidado o para discutir por banalidades. En definitiva, para que fuéramos una familia de verdad.

Creía haber domado mi tendencia a alborotar la vida, pensaba que todo iba bien simplemente porque ya no sufría ataques de pánico, pese a que la verdad es que mi mente no paraba en todo el día y estaba desperdiciando una segunda oportunidad.

VOLVER A CAER

Viernes, 12 de abril de 2013

Los altavoces del AVE anuncian la llegada del tren a Zaragoza. Bajo los peldaños del vagón y me dirijo a las escaleras mecánicas. Ha sido una semana larga e intensa, aún voy maquillada y estoy deseando ver a Sergio. Casi siempre está al final de las escaleras, haciéndome gestos para que me ría. Lo beso en cuanto estoy a su altura y me coge la maleta. Sí, me encantan estos detalles. Tiene el coche arriba, en el aparcamiento exterior. Decidimos cenar fuera de casa, en el Churrasco, y si nos vamos ya tal vez podamos dar una vuelta antes de entrar en el restaurante a tomar el arroz que tanto nos gusta, acompañado de un par de zumos de tomate.

Disfrutamos el uno del otro, nos tenemos ganas.

El tiempo pasa volando y cuando me quiero dar cuenta es casi medianoche.

Llegamos a casa. Aún tengo que desmaquillarme, no encuentro las botas de montaña ni la ropa que he de ponerme al día siguiente. Joder, en lugar de haber salido a cenar debería llevar ya un rato en la cama descansado.

Me empiezo a agobiar, estoy supercansada, las risas se transforman en lamentos. Me enfado conmigo misma por ser tan desorganizada, por mi desastrosa agenda, por la falta de tiempo, por estar llevando otra vez una vida de mierda. Por no saber dónde coño está nada. Estoy saturada. Exploto. Sé que no estoy siendo justa con Sergio, que lleva días sin verme, y todavía me cabreo más. Él también tiene su carácter, pero yo estoy siendo ahora mismo insufrible.

Me voy a la cama rebotada, y sigo así hasta que consigo dormirme.

Sábado, 13 de abril de 2013

El despertador suena temprano en mi casa de Zaragoza, está oscuro. Me levanto con sueño de mi tatami japonés prácticamente a ras del suelo, en la habitación burdeos de mi ciudad natal.

Me calzo y avanzo hasta el baño. Enciendo la luz y me siento en la taza del inodoro. Y cuando trato de enfocar la mirada al frente no consigo ver con nitidez. Me pongo nerviosa al instante. Me limpio rápido con el papel y me miro en el espejo: estoy desdibujada. Camino hasta el salón. Doy la luz y la estantería de libros está borrosa. Quiero pensar que es una migraña con aura como las que me acompañan desde la universidad, pero no veo ninguna franja luminosa. Llamo a Sergio corriendo y le explico lo que me sucede. Estoy sudando, me va el corazón a cien por hora, pero sé que tengo que darme prisa porque pronto vendrá un coche a buscarme para llevarme a Daroca, el pueblo donde nacieron mi abuela y mi bisabuela, un lugar especial que ya conocía y que no voy a olvidar.

Sergio me pide que me tranquilice, que seguro que no es nada y me sugiere que tal vez he dormido boca abajo y he ejercido presión sobre mis párpados. Regreso al baño a lavarme la cara con los ojos abiertos, pero sigo viendo mal y me arrepiento al instante de haber tenido tan mala hostia la noche anterior. Soy imbécil. Me gustaría rebobinar el tiempo pero no puedo. Sé que algo pasa. Y para colmo, Sergio me dice que con mis antecedentes no entiende cómo no me protejo. Antes de que termine la frase me asaltan unas ganas de llorar de rabia que nunca había sentido. Tengo miedo.

Los minutos pasan y Sergio me recomienda que no vaya a trabajar si no estoy bien. Pero cómo voy a dejar tirado a todo el equipo, si además tienen un *timing* que cumplir, puesto que solo puedo grabar *Me gusta Aragón* el fin de semana.

Desayuno casi sin tragar, estoy apurada. Veo los objetos como si me hubieran dilatado la pupila para hacerme una exploración del fondo de ojo. Sergio me mira sin saber qué decirme. Está preocupado, y eso aún me altera más, porque cuando él está relajado yo enseguida lo estoy también, como cuando viajas en un avión en el que hay turbulencias, te fijas en las azafatas y si ellas no parecen alteradas es sinónimo de que todo está en orden.

Me recompongo el pelo rubio, he vuelto a mi tono, así que ya no se me confunde en el plató de La Sexta con las cajas del decorado.

Me planto un polo azul cielo, unas mallas grises y las botas que no encontraba de color marrón. Me abrigo con el forro polar negro de cremallera roja. Alcanzo mis gafas de sol y, manda narices, me bajo a la calle con la mochila del programa sabiendo que es un tremendo error viajar lejos de un hospital porque algo no cuadra.

Me paso el camino imaginando lo peor. Llego a mi destino, a Daroca, y no le he dicho a nadie lo que me sucede. Mi vista empeora por momentos, las auras duran de veinte a sesenta minutos, así que esto es otra cosa.

Finjo que estoy feliz de volver a ver a todo el mundo y me quito las gafas de sol. No podemos llevarlas, entre otras cosas, porque se reflejaría el cámara.

Intento ocultar mi angustia y me propongo convencer al equipo de que todo va sobre ruedas, porque he aprendido a disimular muy bien en los últimos dos años y medio. Fuerzo mi acento maño, como en cada programa, con Marianico es fácil recordarlo.

Empiezo sacando la hoja del sobre que da comienzo a nuestra aventura, y consigo leerla.

Se pone en marcha el contador de *Me gusta Aragón* y corro en busca de pistas entre murallas y torreones. El cámara suda conmigo. Quien reproduzca el programa *online* me verá feliz, aunque tengo la mirada perdida. Me doy cuenta de lo profesional que puedo llegar a ser. Pronto comprenderé que la palabra adecuada no es «profesional», sino «gilipollas».

Entre iglesias y palacios, me muevo a toda velocidad e incluso bromeo. La adrenalina me sostiene. El milagro es que en la primera prueba consigo conquistar el castillo gracias a mi rapidez; en la segunda no soy capaz de conducir entre molinillos de viento un tractor mientras abono el trigo con nitrógeno, y en la tercera y última me reto con Marianico en una carrera por la calle Mayor con unas ruedas con la ayuda de la gente del pueblo.

Marianico se cae y yo trato de tener los ojos bien abiertos.

El sol cada vez me molesta más en ese pueblecito de leyenda en el que se hunden mis raíces, y a mí me cuesta centrar la visión. Quiero irme a casa, al hospital, en realidad, adonde tendría que haber salido pitando esta mañana. Sé que nunca nadie va a agradecer el esfuerzo que estoy haciendo por sacar adelante el encanto medieval de esa localidad del valle del Jiloca. ¿A qué estoy jugando?

Estamos terminando la grabación. La cuarta prueba es tipo test. Fijaos en mis ojos, parezco ebria.

La luz cae y mi ánimo también. Me gustaría abrazarme a Marianico y echarme a llorar, pero me aguanto.

El equipo está exhausto y al terminar el último plano deciden tomar algo en un bar del centro de Daroca. Miro el reloj del móvil y acierto a adivinar la hora; se está haciendo tarde y finjo estar enterándome de lo que hablan, pero solo puedo pensar en que tengo todavía un trayecto de una hora hasta Zaragoza. No soy creyente, pero en situaciones extremas pido a Dios que sea benévolo.

Ponemos rumbo a la ciudad.

Cuando salgo del coche veo doble. Las imágenes se duplican de manera vertical delante de mis narices. ¿Qué me ocurre? Quiero llorar. Quiero gritar. Es culpa mía.

Subo a casa y Sergio ya ha recibido los wasaps que le he mandado de camino. No veo bien su cara, está realmente alarmado. Sé que debo ir urgentemente al hospital y pienso en ducharme antes. Sergio coge las llaves del coche y me dice que nos largamos tal y como estoy a Urgencias. Le pido que no me diga nada, a sabiendas de que esta mañana no debería haberme marchado, bastante castigo es ya estar lidiando con esto.

Esta vez apenas me dejan esperando en la sala de urgencias del hospital Miguel Servet, como cuando los ataques de pánico hacían mella en mí.

El TAC cerebral sale bien, no hacen resonancias el fin de semana, pero el semblante de los médicos no es para nada festivo. Me tapo la cara con las manos, qué está ocurriendo. Me dicen que me tienen que ingresar, la historia se repite. Aun así, me responsabilizo de mi salida del hospital.

Gracias al doctor Jesús Rubio, vecino de toda la vida de mi casa de La Romareda, me hacen un hueco en la clínica Montecanal para hacerme una resonancia urgente, pese a ser domingo. Me dicen que está todo en orden. Me llevo el CD y el informe.

Sergio se queda en Zaragoza, pero mi madre y yo viajamos a Madrid en el AVE, tenemos cita con el doctor Vivancos en su consulta privada. Las gafas de sol esconden mis lágrimas, y apenas hablamos. Delante del cristal del tren los paisajes son dos, se montan uno encima del otro. También son dos los tristes tropiezos que acumulo en la maleta. Estoy mareada de forzar la vista para tratar de ver como antes.

Tengo diplopía binocular, es decir, que desaparece cuando cierro uno de los dos ojos, así que hago el viaje tapándome con la mano uno de los cristales de las gafas para poder ver una sola imagen.

¿No volveré a ver bien nunca más?

¿Podré perdonarme alguna vez por no haberme tomado en serio?

¿Me estoy muriendo?

Llegamos mi madre y yo a la consulta del doctor Vivancos, el jefe de Neurología del hospital de La Princesa. Sergio nos ha conseguido la cita, siempre hace magia. Busco consuelo en su buen juicio, confío mucho en él, he viajado hasta su consulta para que me dé su opinión y poder incorporarme cuanto antes al programa.

Le cuento lo que me sucede en voz baja; lee el informe con atención. La consulta está en silencio. Extrae el CD de la resonancia cerebral, los segundos se hacen eternos. En su cara aparece una mueca. Mis latidos se aceleran, no le gusta lo que ve.

—¿Quién ha informado esto? Esta resonancia no está bien.

Mi madre mira hacia abajo y suspira con preocupación. Yo contengo la respiración.

Descuelga el teléfono y hace una llamada. Al otro lado de la línea contesta el hospital de La Princesa. Lo escucho hablar y no quiero creer que vaya conmigo la cosa. Al colgar me dice que no vuelva a casa, que me están esperando en el hospital para ingresarme, que ya tengo la cama. Me echo a llorar otra vez allí mismo, mi madre me abraza y percibo sus ojos rojos conteniéndose.

Vuelvo a la séptima planta del hospital de La Princesa, a sus camisones abiertos por la espalda, a esas paredes que me resultan tan familiares, a las caras que reconozco en los pasillos.

Se suceden muchas pruebas.

La resonancia con contraste es clave, pero tienen que averiguar la causa.

Mientras me hacen la punción lumbar me aferro a un

peluche que mi madre me ha traído a mitad de semana, estoy acostada sobre mi lado izquierdo, en dirección a la ventana, muy quieta, para evitar daños medulares. Una estudiante de medicina de grandes y siniestros ojos azules, insegura, no atina a pinchar donde debe y la aguja mal insertada hace que mi pierna derecha salga disparada. Ella se pone nerviosa. Yo no puedo evitar chillar de dolor. Es un hospital universitario, pero que le quiten la aguja de una puta vez a esa estudiante con cara de película de terror. Escucho a Sergio y a mi madre cagarse en todo en el pasillo, de hecho, Sergio irrumpe en la habitación y le advierte al médico que esa estudiante ya no me va a pinchar más, que le quite la aguja. Pienso que el doctor Nombela va a recoger el testigo, pero muy a mi pesar otro alumno prueba suerte mientras el neurólogo le da instrucciones para hacer una prueba no exenta de riesgo. Me siento como si fuera la víctima de algún juego de feria, a ver quién logra sacar algo de líquido cefalorraquídeo. Lloro tanto, tratando de no respirar, que me voy a ahogar. Entre las lágrimas y la diplopía estoy desubicada, solo atino a notar la luz que entra de fuera. El segundo estudiante consigue sacar líquido, pero yo no me atrevo a mover las piernas por si me han dejado paralítica.

Tienen que solucionar la diplopía como sea. Van a comenzar a desinflamar el cerebro con dosis altas de Urbason. Pero con el primer gotero empiezo a llenarme de ronchas y me sale un sarpullido por todo el cuerpo que pica horrores. No entiendo nada, precisamente este medicamento se utiliza para cortar las reacciones alérgicas. Tocamos el timbre y las enfermeras avisan a los médicos, que enseguida me enchufan un gotero con Polaramine para solucionarlo.

Efectivamente, soy alérgica a la metilprednisolona.

Aun así, necesitan seguir administrándome ese tipo de cortisona, como sea.

Mi mundo se reduce a volver a ver con nitidez.

Mientras, a mi madre se le ocurre hacerme parches de terciopelo de colores como los de los piratas, para aliviar la frustración que me produce la doble visión y que nadie sabe cuándo se va a corregir. Yo llego a tener dudas de si se arreglará, percibo lo que me está pasando con enorme pesimismo, por lo que significa que tan solo dos años y medio después esté de nuevo en la casilla de salida, rumiando mis fallos. Pese a ello, echo mano de una amplia galería de sonrisas cuando mi familia y Sergio están cerca, para que no se preocupen tanto.

Los brazos de Sergio son mi mejor almohada.

Un óptico está preparando unas lentes conocidas como «prismas». Los prismas se colocan en los cristales de unas gafas sin graduación e igualan la imagen de los dos ojos, de alguna manera.

Durante los días que paso ingresada pienso en la historia que le contaba a mi hermana cuando era pequeña acerca de una puerta en la pared. Observo la piel lisa y blanca de la habitación y me convenzo de que hay un lugar en ese tabique que se abre y me lleva a un mundo en el que no existen los problemas y en el que veo perfectamente. Un sitio donde la luz es más cálida y penetrante, con una vegetación exuberante, alegre, con un océano de sal en el que se transparentan los animales que nadan en las profundidades, como si el faro que avisto los iluminara durante el día. Donde nada malo ha pasado. Donde no hay culpables, donde no me evito.

Es aquí adonde voy cuando huyo.

Supongo que la mente trata de sobrevivir a los acontecimientos que nos duelen, a veces cuesta despertar de las pesadillas. Me siento como si volviera al principio, pero en el fondo soy consciente de que no es así porque ahora sé cómo bloquear la ansiedad si se vuelve a manifestar, esto ya lo he vivido antes. Es el mismo perro con diferente collar. Lo que me duele es no haber sido capaz de ver que el tiempo y el trabajo se apoderaban de mí una vez más. Porque en mi cuerpo hay una tecla que falla, pero yo precipito su rotura.

Yo soy la tormenta de nuevo.

¿Qué porcentaje de culpa tengo?

La primera vez que la vida me inmovilizó, escribir fue como llorar. Al final sentía que todo se había dispuesto en su lugar y que me lo había explicado todo a mí misma. La lluvia de esas páginas arrastró mi pena y hasta mi memoria.

Esta segunda embestida es diferente, y pienso, todavía sentada en la cama del hospital, en esa puerta en la pared que nadie más ve, tras la que hay un paraíso lleno de paz en un momento en el que me he decepcionado a mí misma. No sé si alguna vez la habéis sentido, pero la decepción es una sensación que te lleva a lo irreparable, todo se rompe en ti y es imposible volver a unir las piezas sin dejar grietas ni fisuras, como pasaría si intentaras pegar un plato de porcelana que se ha caído al suelo.

La gente que me quiere está conmigo, eso ayuda.

El último día en esa habitación publico en redes una foto de la muñeca vestida de médico que me han regalado en el hospital para defender la sanidad pública, sin mencionar el motivo que me ha traído aquí. Habría que cuidarla mucho más.

Me dan el alta sin que pueda ver con los dos ojos a la vez, con la única condición de que acuda cada tarde al hospital a por mis dosis de Urbason, administrando un gotero con antihistamínico justo antes. El personal me pide que no vuelva por allí, con un gesto de ternura.

Abandono el hospital con la misma sensación de indefensión de la primera vez.

Acertadamente o no, opto por incorporarme a *Así nos va*, para no ser tan consciente del problema que gobierna este mes de abril del calendario, mientras no logro imaginar el amanecer en el que abra los ojos y todo esté en su sitio.

Me disgusta no poder estar disfrutando de mi libro, que se acaba de publicar. Me ha costado mucho. Las críticas están siendo muy buenas, aunque hay algún escéptico que pone en cuarentena que lo haya escrito yo, lo cual prefiero tomármelo como un elogio.

Todavía no tengo mis prismas y acudo con un parche pirata al programa, nadie se preocupa en exceso por verme aparecer así, ya que he aprendido a fingir como nadie.

Por las mañanas tengo energía para aparentar cierta normalidad, pero por las tardes, después del gotero de Urbason, mi cuerpo no es capaz de levantarse de la cama y mi padre tiene que sujetarme para poder llegar hasta el salón, a pocos metros de mi habitación, y así cenar algo caliente mientras miro a los lados y constato que todo sigue desordenado. Mi madre y Sergio están conmigo.

Durante la semana hay un día en el que la habitación de maquillaje de *Así nos va* es una nube gris; ella está fumando. Le pido, por favor, que deje de hacerlo. Gira su melena rubia y exhala todo el humo hacia mi cara. Me echo a llorar. Se corre el maquillaje de mis ojos antes del directo, nadie sabe lo cansada que me siento, desearía que su cigarro fuera a parar al decorado de cartón y el programa acabara de manera fulminante. Es un calvario vivir esta experiencia a su lado.

Hago un inciso para decir que años después me pediría perdón cuando coincidí con ella en la sala de maquillaje de Mediapro, donde me preparaban para grabar un programa de Discovery Max llamado *Desafío mental*, con Jorge Luengo. Nos abrazamos. Supongo que su vida estaba siendo difícil como la mía, pero creo que la sororidad entre nosotras en este momento que estoy reviviendo hubiera supuesto para mí un mundo en una aventura que se complicó. Entendí su sufrimiento.

Perdonar también es una forma de dejar atrás el pasado.

El programa continuó y yo también.

La vida recomienza cientos de veces, en ocasiones después de un golpe como este, por culpa de un abrazo, una ruptura, una película preciosa, un viaje, una frase que te impacta, una respuesta.

No os he contado lo que ponía en la dedicatoria de mi novela:

> *A mi bisabuela Carmen, por regalarme una infancia de palomitas de maíz, bufandas de lana, tirabuzones y carreras de caracoles. Por muy poquito no has podido leer este libro.*
>
> *Y a Sergio, por confiar en mí siempre y coleccionar tantos abriles a mi lado, bajo la lluvia. ¡Sí, quiero!*

No queríamos que nadie volviera a decirnos que no éramos nada el uno para el otro.

Volví a ilusionarme.

DIEZ AÑOS DESPUÉS

Mi diplopía se solucionó de repente una mañana, mes y medio después. Todavía al despertarme algunas mañanas miro a ambos lados para comprobar que los trazos son uno solo, no lo puedo evitar. Por ejemplo, hoy mismo.

Han pasado diez años. Sergio está tumbado a mi lado, es Semana Santa y nos hemos venido unos días con Luna a San Vicente de la Barquera, donde tenemos una casita en lo más alto del pueblo, en un lugar muy verde y desde el que se ve la marea del Cantábrico subir y bajar.

La vida ahora consiste en esto, en saborear los días en lugar de consumirlos. Además, «consumir» es una palabra que no me gusta y a la que estamos demasiado acostumbrados últimamente. Lo que se consume se gasta, se agota. Y la vida no va de eso, yo no quiero que se termine.

Abro la ventana de tejado y dejo que el aire frío entre. Aspiro. Escucho las voces de las gaviotas y los pájaros. Luna todavía duerme. Me recojo el pelo en un moño bajo y me lavo la cara con agua fría.

Llegar hasta aquí no ha sido fácil, pero ahora he aprendido a quererme, no de modoególatra, sino a la distancia justa de mí misma. Lo bastante cerca para escucharme, y lo bastante lejos para no perder la perspectiva.

Me conozco mucho mejor.

No solo distingo lo que me gusta: que mi color favorito es el turquesa (no para vestir), mi árbol preferido, el limonero, que me encanta cómo huele la dama de noche o los racimos colgantes de la glicina —como los que hay en el precioso jardín de la Fundación Juan March de Madrid—, que el arroz pegado es la comida que más me gusta, que sueño con viajar en coche por la Toscana y atiborrarme de queso pecorino, que me encanta el té con una nube de leche, la sintonía de Movierecord porque me trae a la memoria la ilusión que sentía al sentarme en un cine cuando era niña, las gafas de sol, una verdad aunque duela, las chimeneas encendidas, los besos y abrazos de Luna, ver llover a través de un cristal, las piernas de Sergio y su memoria de elefante, firmar la paz con él, hacerme la misteriosa, los thrillers, el chocolate caliente en invierno, las palomitas de mantequilla hechas en casa, que me toquen el pelo, los gatos (aunque no pueda acariciarlos), los abrazos largos, el sonido del agua cuando alguien nada lento, mi risa, el mar, la vida sin jaulas, las siestas con el sol entrando en filas de luz a través de las persianas bajadas de la habitación, las cámaras, los focos y los escondites con encanto donde nadie puede encontrarte si quieres volverte invisible.

También reconozco lo que no me gusta.

Os sitúo. Acabo de terminar de grabar la segunda temporada de *Callejeando*, el programa que presento en Telemadrid y que se estrenó ayer. Ha coincidido con mi primera experiencia teatral en *A este paso (no) estrenamos*, de TVE, en la que me he atrevido con el personaje de Don Latino de la obra de Valle Inclán *Luces de bohemia*, en castellano clásico. El día 13 de abril tengo la rueda de prensa.

Escribiendo estas páginas me doy cuenta de los mayores errores que he cometido a lo largo de estos años:

Vivir instalada en el pasado asumiendo el rol de víctima, preguntándome una y otra vez por qué yo o cómo no lo había visto venir. Así, entraba sin parar en un bucle peligroso de culpabilidad. Me he juzgado de manera muy dura en los momentos en los que he regresado mentalmente al pasado. Es allí donde vive esa culpa, la culpa de no haber cumplido las expectativas, tuyas o de los demás, tal vez por tener un nivel de exigencia desmesurado y gastar demasiada energía en perseguir a todas horas la perfección. La vida no es perfecta, y nosotros tampoco. Y es precisamente lo imperfecto lo que convierte a la vida y a nosotros mismos en algo sorprendente.

¿De qué sirve machacarse si no podemos cambiar el pasado? No podemos influir en él.

Vivir angustiada por el futuro me provocaba ansiedad. Me anticipaba a todo lo que iba a tener lugar y me imaginaba gestionando el peor de los pronósticos, que probablemente nunca se cumpliría. Me convertí en alguien tremendamente catastrofista, no sé si alguna vez os ha pasado. He tardado en darme cuenta de que al despertarme solo debo pensar en hacer con cariño lo que me corresponde el día que comienza. Ya no planeo mi vida como hacía antes, ahora improviso, me dejo llevar. Tiré los calendarios en los que se ven los treinta días de golpe. No analizo tanto.

Estaba tan pendiente de lo malo que no daba las gracias por lo bueno. Ahora miro a mi alrededor y soy capaz de admirar cómo duerme Luna, que crece sana, con el amor incondicional de sus padres. La bajamar del Cantábrico deja a la vista conchas y cangrejos a los que mi hija le gusta perseguir, igual que a las palomas a las que tiene entrenadas para salir pitando en cuanto la ven. Valoro el silencio más que nunca, cuando antes huía de él. Desde las ventanas veo los caballos que Luna asegura que son suyos: el blanco de la finca de arriba y el de color chocolate del trocito de campo que está un poco más abajo. Luna se asoma a la ventana nada más desperezarse antes de desayunar para saber que están bien. Al mediodía hemos encargado un arroz con bogavante «de chuparse los dedos», después de caminar por la playa, porque todavía no hace tiempo de bañarse, aunque ahora que lo pienso yo me atreví a hacerlo en Navidad. La enana lleva unas katiuskas amarillas para meter los pies y saltar las olas sin que su padre nos eche la bronca a las dos por desafiar a una pulmonía. Por todo esto tengo que dar las gracias. Y lo hago cada día.

Me creía todas esas patrañas que te empujan a tener un pensamiento almibarado. He dejado a un lado esos pensamientos impregnados de purpurina que quieren hacerte ver la vida como si fuera un jodido algodón de azúcar. Distorsionar la realidad con un sesgo positivista falta a la verdad. Esa cultura que te empuja a ver el vaso medio lleno, en lugar de medio vacío, es ridícula: el vaso tiene una mitad llena y otra vacía, y lo contrario es una falacia. Debemos darnos la oportunidad de estar mal cuando ocurren cosas feas. Es perverso que quieran que demos la espalda a lo que nos duele y nos amarga. Es preciso hacer uso de nuestro derecho a estar tristes y conseguir que la tristeza se legitime como una respuesta normal. No tiene sentido hacer desaparecer el malestar, hay que afrontarlo y librar la batalla de cara, mirando a los propios demonios a los ojos. Si tenemos el día cruzado, permitámonos llorar o estar encabronados, no hace falta ver siempre la vida con un optimismo impostado. Sintamos la rabia, atendamos el dolor para salir de él. No nos quedemos a vivir en ese dolor, limitémonos a visitarlo. Y también seamos empáticos y compasivos con los demás cuando son ellos los que sufren; si están de bajón, no les vendamos la moto con infames eslóganes optimistas del tipo «Si la vida te da limones, ¡haz limonada!». Sus creadores deberían estar en prisión preventiva.

Rechazaba la ayuda de un profesional. Pero si volviera atrás, no dudaría en acudir a un terapeuta que me guiara para salir del fango. Probablemente no recurrí a él por la nefasta experiencia que tuve con uno de ellos. Cuando era una cría y vivía a medio camino entre Milán y Zaragoza no sabía a cuál de los dos ámbitos pertenecía. Me salté un periodo importante, aquel en el que deambulas entre los últimos coletazos de la niñez y el mundo de los adultos, dedicada a la moda. Estaba realmente triste y mi madre me llevó a ver a un psicólogo en la Casa de Socorro de mi ciudad natal. No abrió la boca en toda la hora que estuve sentada frente a él; fue descorazonador, solo hablé yo. Por otro lado, es una lástima la falta de psicólogos que hay en España en comparación con otros países vecinos. España está en el podio del consumo de ansiolíticos y antidepresivos, sobre todo por parte de las mujeres. Quizá sería recomendable analizar la situación y comprobar por qué los médicos de familia de toda la vida acaban tratando prácticamente el 90 por ciento de los cuadros de ansiedad con pastillas sin que vean la necesidad de derivar a los pacientes a un especialista. Y un psicólogo privado, para muchas familias, resulta un gasto inasumible.

Estaba pendiente del juicio y la opinión ajenos. Cuando defines lo que eres según lo que oyes o lees de ti, te distancias de la realidad. La gente conoce solo una pequeña parte de tu personalidad, de tus logros, de tus ambiciones, de tus problemas o de tus emociones. Eres tú quien posee toda la información, y dar por bueno el examen de otros, te favorezca la nota más o menos, es un disparate.

Lo cierto es que la vida comienza cuando empiezas a contar logros y no fracasos. Soy una afortunada y está bien que me lo recuerde. En mi caso, tengo una bonita familia, una trayectoria profesional gratificante y salud.

Ahora vivo como si ya no me jugara nada.

Bajo las escaleras de madera y me dirijo a la terraza del salón. Cada día la luz es diferente y el paisaje parece una postal. Oigo que Sergio se levanta y acudo a la cocina a hacer dos tés.

Mi móvil está lleno de wasaps, pero ya he aprendido a no contestar de manera inmediata. No puedo estar disponible siempre. Antes me dominaba la urgencia de enviar una respuesta al instante, si no me sentía culpable. ¿En qué momento nos hemos hecho tan esclavos del móvil? Y conste que lo dice una que ahora no podría vivir sin él.

EL PODER DE LAS REDES SOCIALES

En cierta manera siento nostalgia de aquella época en la que nuestra atención no estaba puesta en la pequeña pantalla que sujetan a diario nuestras manos y que va a hacer que nuestros hijos sean la «generación borrosa», porque ninguno será capaz de enfocar con claridad.

Los niños pasan cada vez menos tiempo jugando en la calle y demasiado con las nuevas niñeras que son los smartphones y tablets. Añoro los juegos de mi infancia, la sensación de libertad que experimentaba al correr libre en el porche de mi casa mientras nuestros padres conversaban con los vecinos y los más pequeños nos ensuciábamos hasta que, al llegar la hora de recogernos, ni ellos mismos eran capaces de distinguirnos.

Pero hoy en día la mayoría de las ciudades y los barrios no están aclimatados para que los niños jueguen en la calle. Por eso, en muchas ocasiones, niños y adolescentes se pasan las tardes, después del colegio o el instituto, encerrados en un mundo virtual de luz, imagen y sonido, perdiéndose todo lo demás.

Es descorazonadora la sobreexposición a la tecnología de unas mentes que están aún por crecer.

Cuando me convertí en mamá me juré que no dejaría que Luna tocara las pantallas hasta la mayoría de edad, obviamente estoy exagerando, pero la realidad es muy distinta a veces porque, para conciliar trabajo y familia —lo cual es una fantasía—, no me queda otra que distraer su atención en cuanto las pinturas, los libros, los dinosaurios, los kits de veterinario, los juegos de construcción o las pelotas de fútbol no bastan para frenar una energía que envidio.

Las nuevas tecnologías y las redes sociales son unas herramientas maravillosas si no se abusa de ellas, si se logra encontrar el equilibrio entre cuándo usarlas y cuándo no, pero están diseñadas para ser adictivas. A sus creadores no les interesa nuestra salud mental, sino que buscan que pasemos conectados a la pantalla el mayor tiempo posible. Y nos falta que alguien nos recuerde que la vida es lo que se refleja en la pantalla mientras miramos lo que está dentro.

Yo sé que, si no existieran las redes sociales, parte de mis ingresos volarían. Muchos personajes de la televisión, el cine o el deporte ejercemos, no en pocas ocasiones, de influencers. Las marcas nos pagan por promocionar productos o servicios mediante la publicación de posts, reels o stories en plataformas como Instagram porque saben que hay un retorno. Reconozco que facturarles a ellas me ha permitido pasar mucho más tiempo con mi hija y darle una mejor calidad de vida desde que nació, así como elegir los proyectos de televisión con más cuidado.

Pero que forme parte de este entramado profesional no significa que no sea consciente de lo que se está cocinando a fuego lento. Las redes sociales han cambiado nuestra manera de comunicarnos en la vida, para los más jóvenes incluso es la única fuente de información. De hecho, las noticias publicadas en estas plataformas no se contrastan, de primeras se les da credibilidad.

Vivimos en la cultura de lo instantáneo, lo que deseamos lo queremos ya. Ahora o nunca. Las redes sociales generan adictos, somos dependientes de la droga de las gratificaciones instantáneas en forma de likes. Si conseguimos que una publicación sea un éxito, lo celebramos, es un chute de dopamina, pero si por el contrario no reúne los corazones que esperábamos, nos devanamos los sesos intentando averiguar por qué no ha gustado.

Yo he llegado a borrar una foto que me parecía preciosa porque no había amasado los likes que creía que conseguiría y esto me hacía dudar de si la imagen merecía la pena. No coleccionar los likes esperados me ha hecho sentir impopular.

Las redes sociales modifican el sistema de recompensa. En la vida, cuando nos fijamos unos objetivos —sea aprender chino, sea correr una maratón— entran en juego el esfuerzo, el hábito y la constancia, en una lucha sana por obtener lo que ansiamos. En las redes no. Nos estamos convirtiendo en una sociedad muy débil, que no tolera la frustración. Y aprender a gestionar lo feo requiere tolerar la frustración de forma adecuada.

Nos movemos a golpe de tecla en un mundo virtual, en el que el dios todopoderoso es un algoritmo que nos muestra o no a su antojo en la página de inicio, cuando antes aparecían los posts por orden cronológico. La magia de conocer las vidas ajenas a tiempo real era más divertida. Ahora el algoritmo decide qué es lo relevante, incluso se vanagloria de conocernos mejor que la madre que nos parió y escoge lo que debemos ver dependiendo del contenido que habitualmente consumimos, como un puto psicópata. Él decide qué cuentas te muestra y cuáles pasan a ser invisibles para ti. El algoritmo da miedo.

Paralelamente, las redes sociales promocionan sueños y fantasías inalcanzables, lo cual es el caldo de cultivo para que pierdas la cabeza, porque lo más seguro es que no puedas vivir al ritmo de esa influencer que sigues, que se despierta en Bali y que la semana siguiente se sumerge en una bañera de cristal en Dubái con cara de felicidad, aunque el agua se haya quedado helada hace cincuenta disparos y la espuma se haya encogido mientras el fotógrafo intenta captar la instantánea que hará arder las redes. O el de esa cantante con millones de seguidores a la que admiras, que proyecta una imagen extrema y que no tiene días malos ni lado malo.

Las redes son el lugar idóneo para perder el norte. En la era digital, el postureo es lo que manda, todos intentamos mostrar nuestra mejor versión. Instagram está lleno de imágenes manipuladas con un gran surtido de filtros, algunos increíblemente realistas.

En el mundo virtual, las caras, los cuerpos y los colores parecen estar tocados por una varita mágica. Hasta creemos que las imágenes que vemos son todas reales. Y no importa que las nuestras lo sean, lo que interesa es que los demás lo crean.

Todo el mundo quiere ser alguien en las redes, y los que no, las usan, por ejemplo, para cotillear. La fama se ha democratizado, cualquiera puede ser reconocido si se lo curra. Nuestras casas se convierten en platós y quien no es cocinero es *coach*, maquillador, estilista, experto en nutrición o diestro en el deporte. Da igual si sabemos de lo que hablamos, lo importante es creérnoslo, aunque no tengamos formación alguna.

Esto abre una brecha entre lo que somos y lo que pretendemos ser. Son muchos los pacientes que llegan a la consulta de cirugía estética con una foto de su cara con un determinado filtro y piden ser exactamente así.

Yo misma a veces me siento desnuda cuando no los utilizo.

Y si bien es cierto que a lo largo de la historia siempre hemos seguido las distintas modas que se han ido sucediendo, el problema es que ahora nuestros ideales estéticos no existen, tratamos de emular algo virtual.

Como lo natural es retocar las fotos en las redes sociales, el espejo nos devuelve una imagen que no nos satisface, porque nuestra percepción de lo que es bello está distorsionada y vemos defectos donde no los hay.

Esto hace que algunas personas lleguen a obsesionarse de tal forma con su aspecto que su imagen real les causa rechazo. Lo cual me parece peligroso.

Por este motivo creo que debería regularse, tal y como se ha hecho en Francia, la transparencia en los medios de comunicación respecto al uso de Photoshop, exigiendo a las empresas que adviertan cuándo las fotos están retocadas o manipuladas con filtros, mediante una leyenda al pie de la imagen (exigencia que están estudiando extender a los creadores de contenido). Está comprobado que esta modificación mitigaría los efectos psicológicos del uso de «embellecedores digitales», que destruyen la autoestima de los internautas.

Defiendo el derecho a presentarnos al mundo como queremos que nos vean, eso sí, admitiendo que hemos hecho trampas. Ojo, que también el maquillaje podría ser considerado una estafa si se aplica bien y te beneficias de sus bondades; la diferencia es que a la calle podemos salir con maquillaje, pero en los filtros la magia del hada madrina se acaba cuando apagas la pantalla.

En televisión corre un dicho que siempre me resulta gracioso cuando lo sacan a relucir: no hay mujeres feas, sino mal iluminadas.

Admitámoslo: nos gusta gustar. Es normal querer publicar esas fotos en las que nos vemos favorecidos, en lugares bonitos e instagrameables. Es lícito querer salir bien, para resarcirnos de la foto de carnet que escondemos en el monedero. No debemos sentirnos culpables por ello, en todo caso pensemos en el motivo que nos lleva una y otra vez a querer vender una realidad adulterada compitiendo contra los demás y contra nosotros mismos.

Posteamos en Facebook o Instagram sugerentes comidas en el restaurante de moda, esquiando en Aspen, mostrando nuestro mejor ángulo mientras metemos tripa o paisajes vírgenes en los que, si giráramos la cámara, se vería que estamos como sardinas en lata. Buscamos la validación externa que calme nuestro temor de no ser suficientes. Queremos que nos digan: «Joder, cómo vives», «Yo de mayor quiero ser como tú», «Vaya viajes te pegas» o «Qué culazo se te está poniendo en el *gym*». Este sistema de recompensa es como tomar un paracetamol: calma nuestro miedo de forma momentánea, pero cuando deja de hacer efecto nos deja igual que antes y tenemos que recurrir a otra dosis.

Al final acabamos logrando metas que dañan la percepción que tenemos de nosotros mismos, ya que nos basamos en lo que los demás ven en nosotros. Por eso buscamos proyectar nuestra versión ideal y exhibirnos de la mejor manera, para conseguir el orgasmo que nos provoca despertar la admiración de los demás.

Por otro lado, aislamos la parte que sufre, no subimos fotos después de llorar porque hemos discutido con nuestro mejor amigo o nos han dado una mala noticia, como tampoco publicamos fotos poco sugerentes planchando en pijama o vaciando el lavavajillas. A veces la realidad no es publicable.

Fabricamos imágenes detalladamente calculadas para seducir y sacar pecho durante unas horas, lo que tarda en morir ese vídeo o imagen cuando pasan las horas y aparecen nuevas publicaciones.

En TikTok, por ejemplo, incluso se hacen virales retos que hacen peligrar la vida de cuantos se los proponen, en su gran mayoría niños. Me preocupa mucho este tema.

En las redes sociales nos volvemos dependientes de la opinión de los demás, y eso nos roba libertad. El rechazo es el precio de la libertad. Siempre que vivo en función de lo que piensan los demás de mí, tengo que vivir según sus gustos y criterios. De ahí el postureo, pues intentamos a toda costa proyectar la imagen que se espera de nosotros y de la que nos convertimos en esclavos. Todo esto tiene su cara B, porque en el fondo estamos pensando que si nos mostramos tal como somos, los demás no nos considerarán lo suficientemente válidos y atractivos.

Yo estoy haciendo el ejercicio personal de no modificar apenas las fotos, por el sencillo motivo de que no quiero que lo que subo en mis redes diste de las fotos mías que publican los demás sin retocar. Quiero reconocerme. No me apetece que si subo una foto mía en biquini camuflando lo que no me gusta de mí misma y una revista publica otra foto del mismo día, se puedan sacar más de siete diferencias. Así que, de un tiempo a esta parte, me limito a elegir el mejor disparo, a borrar ese grano inoportuno y a planchar la ropa que veo que no está bien. También suavizo los pezones, nos han convencido de que son algo vulgar y, en mi caso, ignorar tal «inconveniente» ha sido motivo de más de un titular. El pecho no tiene nada de malo, y ya toca rebelarnos contra esta dictadura que castiga el femenino mientras permite a los hombres mostrar el suyo sin pudor en las redes sociales.

Contaré una anécdota que sucedió no hace mucho. Un gran centro comercial captó sin mi consentimiento una foto de mi perfil de Instagram en la que se me veía feliz dentro de un coche de feria rosa chicle en sus instalaciones. La imagen era alegría pura, y no pretendía otra cosa. Iba vestida con una camiseta de tirantes y se intuían los pezones, probablemente porque me quemé el trasero al sentarme en el asiento a sesenta grados bajo el sol y mi cuerpo reaccionó de esa manera. Cuál no fue mi sorpresa cuando, al postear el centro comercial la foto en sus redes, este había eliminado los pezones. Me sentí fatal y decidí expresar que no lo aprobaba, no solo me habían robado la foto de mi feed sin autorización, sino que me habían amputado el pecho para no ofender a su público.

En efecto, en las redes sociales se juega al puritanismo, pero se admite expresarse con violencia. A veces resultan de lo más absurdas.

Nuestra necesidad de gustar a los demás hace que a veces perdamos el control. Somos narcisistas por naturaleza y por ello, pocos los que reconocemos que estamos mostrando una imagen amañada.

Hay que asumir la responsabilidad de nuestra decisión de trucar las imágenes, siendo conscientes del peaje que pagaremos si lo hacemos y teniendo la templanza de que no nos afecten las consecuencias. Hay influencers que se ganan la vida muy bien precisamente por habernos hecho creer lo que no es. Su profesión es convencernos de que tienen unas vidas de película, con sus filtros, su belleza robada en cada post publicado en su mejor hora, su felicidad imperecedera.

Paralelamente se abre camino una corriente que busca arañar lo natural, ahora que lo natural es ser artificial. Surgen numerosas cuentas que salen en defensa de nuestra autoestima. Ensalzan lo que durante décadas hemos tachado de imperfecto. Existen perfiles que te enseñan cómo, en cuestión de segundos y dependiendo de la pose, el cuerpo se ve esbelto o relajado, aparecen en nuestro *timeline* caras lavadas, estrías, formas que escondíamos porque nos han hecho creer una y otra vez que no eran del agrado de esta sociedad, marcas en la piel, cicatrices… Todo lo que hemos evitado se subraya. Hay sed de verdades.

No en vano, esta manera de mostrarse en público a través de las redes es también una valiente apuesta personal que atrae a las marcas que buscan posicionarse en esta nueva tendencia que pretende hacernos sentir bien dentro de nuestro cuerpo, seamos como seamos. Una inteligente maniobra por parte de quien la ejecuta, aunque forzada en algunas ocasiones, que supone una necesidad dentro de este mundo de mentira que son las redes. Nos apremia a empujar lo real en nuestras vitrinas de cristal.

No son solo los filtros los que nos hacen parecer a todos y a todas iguales, como si fuéramos fruto de algún siniestro experimento, igual que esos tomates de los supermercados insípidos e idénticos los unos a los otros. Se busca que casi todos pensemos en la misma dirección, que nuestro *timeline* tenga un tono uniforme para que resulte atractivo al resto de las cuentas y que pasemos el mayor tiempo posible en una dimensión que no existe. Nos estamos convirtiendo en robots casi sin darnos cuenta, olvidándonos de vivir en ese otro mundo que no precisa cobertura y donde la piel y los abrazos importan: el mundo real.

El móvil es una extensión de nuestras manos y a veces fantaseo con la idea de tirarlo con tino bajo las ruedas de un camión para hacerlo desaparecer. Nos escudamos en que lo usamos por el trabajo, pero muchas veces solo nos mueve la inercia de refrescar la pantalla de este chisme recalentado una y otra vez, como si en unos segundos fuera a cambiar todo de golpe.

Las redes sociales son la cocaína de la época en la que vivimos. Y cómo no lo van a ser, si nos permiten meternos en la casa de nuestras estrellas favoritas, ver cómo viven, qué comen, adónde viajan, e incluso, con suerte, interactuar con ellas a través de comentarios o mensajes privados. Las redes nos acercan y nos alejan. Yo las amo y las odio, dependiendo del día.

Al margen de lo que me han regalado las redes sociales —que no es poco: el tiempo del que hablaba, un altavoz para llegar a mucha gente, la oportunidad de dar mi opinión, de equivocarme y pedir perdón—, me doy cuenta de que cuanto más tiempo les dedico más sola me siento y más detalles me pierdo de lo que me rodea, detalles que antes no me pasaban desapercibidos.

No quiero cerrar este capítulo sin hablar de la ciudad sin ley que es Twitter. Me inicié en esta red social que prometía acercarnos el mundo, pero ha sido la gran decepción. Ahora solo entro en esta corrala que se expresa a gritos para retuitear, enterarme de las audiencias o leer las opiniones sobre un programa cuando se está emitiendo, sin participar. A veces las palabras vertidas, en forma de caracteres, son lo equivalente a quemar contenedores o matar a navajazos. Las salvajadas que escriben algunos usuarios, escondidos tras los matorrales del anonimato, dan que pensar. No entiendo que no se pongan límites a las ofensas. Los personajes públicos aguantamos barbaridades.

Cuando presentaba *Fresa ácida* en Telecinco, junto

con Carmen Alcayde y Cinta Méndez, viví en mis propias carnes lo que era gozar de mi primera gran oportunidad en televisión, cumpliendo un sueño de niña. Sin embargo, esa sensación de felicidad se vaciaba a medida que leía Twitter instantes después de las emisiones. La desilusión barría cualquier sonrisa.

La crueldad en Twitter, donde se colaban mensajes interesados y tóxicos para desestabilizarme, puede ser devastadora para la mente y destruir los frágiles comienzos de un proyecto. Desempeñaba mi labor con todo mi cariño, pero al navegar me topaba con cosas feas acerca de lo delgada que estaba o lo chillona que era, que se me quedaban atoradas en el pecho.

Y yo entonces no tenía un corazón de mármol para enfrentarme a las críticas.

El 13 de febrero de 2010 me llegó la alerta de Google de una columna de opinión titulada «Hembras aceleradas», salida de la pluma de una conocida periodista, que me dolió especialmente. La autora nos tachaba de insoportables a las tres y sugería que, en lugar de *Fresa ácida*, el programa debería llamarse LSD, porque tanto el público como nosotras parecíamos habernos vuelto majaras. Decía así: «Adriana Abenia, que no sé si es hombre, mujer, buzón de correos, cigüeña u otros».

Fue una hostia con la mano abierta. Porque era una crítica contra mi físico en boca de una mujer, contra algo que no podía cambiar, porque no estaba sencillamente cuestionando mi trabajo. Me eché a llorar de impotencia.

La vida nos juntó en el plató meses después y acabó escribiendo de mí todo lo contrario.

Pero algo sucedió en mí después de leer aquella primera columna de opinión. Comencé a leer los tuits como si nada tuvieran que ver conmigo, porque detrás de mi papel de presentadora díscola yo era todo dulzura e incluso timidez. Hablaban de otra, y llegué incluso a reírme junto a Sergio de los comentarios que pretendían ser dardos.

Dejé de alimentar a los trolls, solo premiaba con mi respuesta en Twitter la amabilidad. Dejaron de chillar porque ya no les prestaba la atención que reclamaban. Dejaron de molestarme y de boicotear mis buenos ratos. Lo más curioso es que muchos de ellos se hicieron fieles seguidores cuando salté de programa. Hoy en día, algunos todavía me escriben adulándome.

Y aunque ahora los haters aparezcan solo cuando decido opinar en este mundo que está más polarizado que nunca, donde todo parece que deba ser blanco o negro, ya no me inmuto. Los «odiadores» son inevitables. No los tomaba en serio antes, y menos ahora. Suelo bloquearlos, aunque ello implique perder un follower; ya vendrá otro más afable.

He descubierto que el desprecio de los haters tiene más que ver con su vida que con la nuestra. Aunque al principio nos pongan en bandeja las ganas de cagarnos en toda su familia, detrás de su hostilidad se esconde mucha rabia y frustración, inseguridades, fanatismo o poca inteligencia emocional. Hay gente que quiere destruirte porque se da cuenta de que su mundo está tocado y hundido, como en el clásico juego *Hundir la flota*. Insultan a los demás porque es una forma de sentirse superiores, cuando en realidad anhelan lo que tú tienes. La envidia se huele a kilómetros de distancia.

También están los que piensan lo contrario que tú y son incapaces de escuchar tus argumentos, de modo que con ellos cualquier tipo de debate termina en discusión, así que es mejor no esforzarse en darles explicación alguna. No faltarán tampoco los que quieran rellenar pódcast con tus palabras o con la bola arrugada que han hecho de ellas, con el fin de subir las visualizaciones.

En esta vida conviene economizar. No hay que pretender que todo el mundo comparta tu punto de vista. Además, yo soy de las que opinan que es preciso tener la mente abierta para cambiar de parecer, evolucionar e incluso retractarte de lo que un día pensaste. Hay que estar dispuesta a no estar de acuerdo con lo que afirmaste en el pasado.

Asimismo, es muy sano distanciarse de la idea de tener que servir de inspiración a otros, con la risa forzada para el algoritmo.

Lo peor de una vida diseñada para gustar a todo el mundo es que nunca lo conseguirás. Siempre habrá alguien que se sentirá ofendido con lo que digas o hagas, pensará que estás equivocado o tendrá la certeza de que eres imbécil.

Hay que vivir más el ahora, porque es el ahora lo que matamos al instante.

MI PASO POR LA MODA

Because maybe
You're gonna be the one that saves me
And after all
You're my wonderwall

OASIS, «Wonderwall»

Tenía quince años cuando todo cambió y me olvidé hasta de quién era.

Locamente enamorada de Sergio, creía no haber conseguido que se fijara en mí y decidí aceptar una propuesta de lo más arriesgada y alejarme del instituto en el que pasaban los días sin que él me hiciera caso.

En los noventa, las portadas de las revistas estaban ocupadas por las *top-models*: Claudia Schiffer, Naomi Campbell, Cindy Crawford, Elle Macpherson, Eva Herzigova, Valeria Mazza... Las había visto infinidad de veces en los figurines de mi abuela, parecían irreales. Todas las chicas queríamos ser como ellas, casi sin excepción. Nací con las piernas largas, igual que la lengua. Mi abuela Aurora, desde que yo era bien pequeña, siempre me ha dicho con cariño que soy una deslenguada. Me encanta serlo.

Un día, una agencia de moda de Milán llamada Glove me vio en Zaragoza y me propuso, a una edad en la que te sientes mayor pero todavía eres una niña, viajar a Italia y probar suerte como modelo. Salvando las distancias, recordé que Claudia había sido descubierta por un representante de la agencia Metropolitan en un pub de Düsseldorf y vi semejanzas con mi caso.

Era descabellado, pero mi familia y yo, después de darle una y mil vueltas, nos lo tomamos como un juego y decidimos ir hasta un país que no conocíamos todavía sin pensar en las consecuencias que eso traería.

Viajamos en autocaravana, rollo *Pequeña Miss Sunshine*, pero en plena adolescencia. En el camino, con un diccionario de italiano en las manos, aprendí, entre otras cosas, a presentarme como si viviera en la época de los romanos con un «*Buongiorno, mi chiamo Adriana, sono lieta di fare la sua conoscenza*» o a pedir un descafeinado diciendo «*Per favore, un decaffeinato macchiato latte caldo americano*». Me expresaba tal cual, sin ahorrar palabras como hacemos ahora en WhatsApp.

Después de kilómetros y kilómetros de carretera cerramos el mapa desplegable —que en los noventa eran manteles— en el parque Sempione, un amplio espacio verde junto al castillo Sforzesco, en el centro de la capital lombarda. Bajé de la autocaravana con tacones y un largo abrigo de paño negro, completamente metida en el papel. Lo primero que vi al poner un pie en la acera fue la jeringuilla de algún drogadicto de parques, y di un salto en sentido contrario; casi me mato metida en mi papel de diva, como si los yonquis del parque fueran a adivinar que calzada con unas bambas para no romperme el tobillo nada más empezar solo medía 1,72 centímetros. Me río al recordar la escena, estaba muy graciosa paseando de esa guisa por el parque, ajena al rumbo que iba a tomar mi vida.

Nuestra idea era conocer al dueño de la agencia, quedarnos unos días en Milán mientras yo hacía *castings* y volver a casa para seguir estudiando como hasta la fecha. Glove había dispuesto un apartamento en la ciudad para mí cuyo coste me descontarían de mi primer trabajo. Tenían previsto hacerme unas fotos para el *book*, ese álbum de fotos que las modelos llevaban con orgullo a todas partes dentro de un gran bolso negro con el nombre de su agencia impreso, tan discreto que todos los viandantes se giraban a mirarte porque sabían, sin ningún género de duda, que te ganabas la vida sobre la pasarela. Las modelos, altas como torres, se arrastraban lánguidas con esa bolsa de metro en metro y de *casting* en *casting*.

Recién aparcados, mi madre nos preparó a mi padre y a mí unos bocadillos para tomar mientras estirábamos las piernas por aquellas calles en las que todo el mundo hablaba rapidísimo en un idioma que me encantaba porque olía a pasta y pizza de la que se estira, pero del que no entendía ni papa.

Mi alegría duró hasta que nos dirigimos a dejar mis cosas al edificio de apartamentos en el que alojaban a las modelos que venían de fuera y en el que me habían asegurado que me sentiría como en casa. Al verlo supe que nos volvíamos de inmediato a la nuestra en España. El apartamento era una auténtica mierda, por la suciedad, la ubicación —en uno de esos bloques brutalistas que bien podría haber construido la Unión Soviética— y todo lo que en él se respiraba. Mi padre lo tuvo claro de inmediato: allí no había modelos, la agencia Glove se dedicaba a la trata de blancas. Agradeció en voz alta haberme acompañado y no haber dejado que viajara yo sola en avión como habían planeado los de Milán. Me derrumbé hasta reírme de la situación porque, al fin y al cabo, Italia estaba allí para nosotros, para descubrirla.

Había durado poco mi carrera de supermodelo.

No obstante, antes de sustituir nuestros antiguos planes por otros más acordes con los de los turistas, pasamos por la agencia Glove para expresar en genuino castellano nuestro malestar por el cuchitril en el que planeaban meterme y en el que habría tenido que dejar mis cosas de haber viajado sola.

Debieron de ser muy convincentes, hasta se esforzaron en presentar sus disculpas y planes de futuro en un español de lo más correcto, muy seguros de que aquello conmigo iba a funcionar, porque mis padres, que ya habían tomado la decisión de regresar en unos días a Zaragoza, ahora me miraban sin saber qué camino tomar. Nunca los he visto tan perdidos, temiendo equivocarse.

De fondo sonaba, casi en bucle, la canción «Wonderwall», de Oasis.

Nos instaron a pensarnos con calma lo de abandonar. El dueño me ofreció vivir en una habitación dentro de la propia agencia, mi padre dijo que de eso ni hablar. «*Parole, parole, parole*». Finalmente nos alejamos de Glove en dirección a Venecia, con un gran interrogante que resolver y ganas de despejar la cabeza. De cualquier manera, haber supuesto que una niña de quince años pudiera vivir allí era una irresponsabilidad.

Después de varias llamadas telefónicas, nos dimos de bruces con una posible solución. La residencia de estudiantes del colegio María Inmaculada, en la Via Feltre, 73, cerca de la parada de metro Udine (línea verde, la número 2) parecía ser el lugar más seguro. Cero lujos, y a las diez todas debíamos estar dentro; lo del toque de queda conquistó a mis padres. También sumó puntos el enorme jardín con mesitas de madera que había nada más entrar.

La madre superiora, ante la indecisión de mis padres, les dijo que dejaran que persiguiera mi sueño, cuando en realidad yo ni siquiera tenía la certeza de cuál era. Para colmo me había presentado a mi primer *casting* sin fotos ni experiencia alguna y me habían cogido. Iba a desfilar para una tal Miuccia Prada. Debieron de seleccionarme por simpática, porque las otras chicas me sacaban dos cabezas y me inventé el idioma desde que entré subida en mis flamantes mocasines negros hasta que me despedí con un largo *arrivederci* sacado del manual amarillo que todavía conservo.

Creo que fue la inconsciencia lo que me llevó a quedarme allí sola, tratando de jugar en un mundo de mayores que me hizo dejar de ser niña de golpe. Claro que eso nadie fue capaz de adivinar que pasaría.

A las dos semanas de mi llegada, y por un error mío, acabé en la agencia de modelos Italy Model. Me dirigía a un *casting*, loca con mi mapa, sin saber dónde meterme. Y cuando vi a varias modelos rusas entrar en un portal, allá que me dirigí yo. No volví a Glove nunca más. Mis padres habían perdido la referencia de dónde estaba mi centro de mandos, y las llamadas con mi teléfono prepago eran demasiado caras para dar las explicaciones que precisaban.

Pasaban las semanas y no paraba de trabajar para las principales marcas, pero esto es lo menos importante de esta historia.

Como compartía habitación con una estudiante italiana y estaba obligada a comunicarme cantando como los nativos, lo hacía mezclando el español y el italiano a mi antojo hasta hacerme entender. A todo el mundo le gustaba mi disparatado idioma. El inglés lo utilizaba cuando no había más remedio, aunque a las modelos americanas no las entendía jamás.

Muchas veces quise dejarlo todo y regresar a Zaragoza, que alguien tomara las decisiones por mí. Ansiaba ver a Sergio, pero estaba cabreada porque él solo pensaba en jugar al fútbol y seguro que ya no se acordaba de mí después de varias semanas sin ir a clase. El director del instituto y el claustro de profesores, y gracias a mis buenas notas, me habían permitido marcharme un tiempo con la condición de evaluarme al finalizar cada trimestre de manera presencial o mediante un trabajo relacionado con la asignatura. Me lo pusieron en bandeja, cómo iba yo a rechazar la oportunidad que me brindaba la vida.

Sin embargo, cuando traspasas la barrera y te comportas de acuerdo con una edad que no es la tuya, las cosas se tuercen de tal modo que enderezarlas resulta imposible.

Llegó un día, en ese primer viaje a Milán, en el que comencé a sentir mi ciudad natal tremendamente lejos, pero los aviones eran demasiado caros para volver cuando me encontraba sola o me asaltaba la necesidad de llorar, porque era mucho lo que implicaba no tener a mis padres cerca en una industria en la que siempre te parece que alguien quiere estafarte o aprovecharse de ti. Cogía trenes y aviones e iba a otros países sin la compañía de un *booker*, dejando atrás la sensación de familia que me regalaba la residencia en la que me alojé en el primero y el segundo de mis viajes, sin saber realmente dónde estaba mi sitio.

La soledad es una emoción subjetiva, pero yo no conseguía combatirla. Había días en los que terminaba de trabajar y me veía con mi ropa, pero maquillada como una puerta, volviendo en el metro y notando la mirada de algunas personas demasiado encima.

Muchas mañanas me despertaba con la esperanza de resucitar la alegría de un día sin nubes, pero en Milán parecía que no saliera nunca el sol. La ausencia de días con luz hacía que mi ánimo estuviera más bajo, es una realidad que la falta de sol disminuye los niveles de vitamina D en el cuerpo y la producción de serotonina. Además, anochecía muy pronto y hacía frío.

A medida que transcurrían las semanas, iba sufriendo una metamorfosis, no tanto física como mental, con el resultado de que pronto no me reconocería ni yo misma. Mi compañera de habitación, mayor que yo y consciente de ello, me regalaba muchos días unos dulces rellenos de mermelada para que me viniera arriba.

Una de las estudiantes, alegre y veterana, decidió presentarme a un chico llamado Nando, de Calabria.

No tardé en comenzar a salir con ese estudiante de veinte años que vivía en la residencia Bertoni de chicos, cerca de la parada de metro cuyas escaleras tantas veces subí y bajé, y de la pizzería donde hacían las pizzas más ricas que he probado y que probaré jamás. De pelo largo y moreno, tocaba la guitarra en la misa de mi colegio; allí lo conocí, cuando me arrastraron para que se produjera el encuentro. Nunca estuve enamorada de él, pero me hacía sentir segura lejos de casa. Tan lejos de Sergio.

Estaba viviendo experiencias muy bonitas, pero también otras muy traumáticas y humillantes. No dudo que en el mundo de la moda de aquella época no hubiera gente que mereciera la pena, negarlo sería absurdo. El caso es que yo no tenía ni voz ni voto, me trataban como una preciosa mercancía. Llegué a obsesionarme por no medir lo que otras modelos, cuando la realidad es que todavía tenía que crecer, pues aparentaba ser mayor de lo que era, camuflada bajo los maquillajes de mi neceser. Yo era la más niña de todas las modelos con las que me cruzaba. Las más pequeñas éramos diamantes aún sin pulir.

Mi nivel de autoexigencia era elevado, porque en cada *casting* el objetivo era conquistar al cliente, ser diferente, regalarles una sonrisa, romper el silencio mientras miraban las fotos, generar en ellos una sensación positiva. En la moda, la belleza no lo es todo, y yo me lo repetía mentalmente cuando me sentía intimidada por varias rusas gigantes, de piel transparente y ojos claros, pero frías como un glaciar, que aguardaban sentadas a mi alrededor a ser atendidas, al igual que yo.

Recuerdo un *casting* muy esperado para una importante firma de lencería. Me habían preseleccionado por el *composite* (una tarjeta de presentación que se envía a los clientes con tus mejores fotos, tus medidas y color de ojos y de pelo), pero cuando por fin llegó mi turno y les mostré mi *book*, las dos mujeres que hacían la selección me pidieron con gestos exagerados que me ciñera la camiseta y me pusiera de lado. De repente comenzaron a hablar en un italiano grosero y muy rápido. Conseguí entender lo que decían: se burlaban de mí por tener poco pecho de la manera más ofensiva que podáis imaginar. Me preguntaron, disgustadas, por qué era tan plana. Me quedé callada. No fui capaz de decirles: «Ho quindici anni». Me tiraron de mala gana el *book* en la mesa y me fui llorando a los brazos de Nando.

También acudí a él otra vez que tenía varios *castings* y no me daba tiempo a ir de uno a otro, a no ser que me teletransportara. Un modelo italiano con mucha labia —con el que había coincidido en varias ocasiones porque repartía *flyers* de discotecas mientras esperaba a que pronunciaran su nombre, escrito en la hoja en la que nos apuntábamos todos—, se ofreció a llevarme en su coche. No podía permitirme presentarme a todos los *castings* en taxi como me habría gustado, solo cuando nevaba o no había combinación posible de metro o autobús para llegar. Así que la inocencia que iba implícita a mi edad hizo que le dijera que sí.

El coche no me llevó nunca a ese *casting*.

Aparcó su descapotable delante de su casa y me dijo que lo acompañara, que había olvidado algo. No conocía la zona en la que estábamos y necesitaba que me acercara al dichoso *casting* o que me devolviera a un sitio que me resultara familiar, de modo que subí. Entramos en su piso. Cerró la puerta. Algo no encajaba y me puse nerviosa. Aun así, el modelo decidió echarse en una gran cama que había en el salón y bajarse los pantalones. Me dijo que me acercara. Yo no me moví. Tragué saliva, pensé en lo patético que resultaba que nadie más supiera dónde estaba. Pensé en qué diablos hacía yo allí. Entonces comenzó a tocarse. ¡Se estaba masturbando! Recordé que no había echado la llave, di media vuelta todo lo rápido que pude y me largué corriendo. Mientras bajaba las escaleras llamé a Nando, que vino a buscarme con un amigo dispuesto a romperle las muelas a aquel malnacido.

Le pedí que me llevara a la residencia y se quedó abrazado a mí el resto del día. Yo tenía los ojos arrasados y la confianza hecha jirones.

La soledad no es nada malo a no ser que tengas quince años y te estés perdiendo una parte importante de tu vida porque has saltado al futuro cuando no te correspondía.

Probablemente no abandoné Milán buscando almacenar momentos especiales, como los que ahora tratamos de recopilar en Instagram. Con aquella edad no me daba cuenta de que la rutina de mi vida en Zaragoza me hacía sentir cómoda.

La rutina parece algo tedioso, hablamos de ella en términos despectivos, y no es justo. La rutina no es una cárcel si eliges una con la que te sientes a gusto. Mi decisión de vivir de manera interrumpida en Milán fue en parte producto de esa obsesión por hacer cosas destacables y que todo el mundo lo viera. No me importaba tanto que me llenara la profesión que había elegido como el hecho de luego poder contar lo vivido, con qué modelos famosas había coincidido o para qué diseñadores y marcas había trabajado. De vuelta en mi ciudad, la gente se interesaba por mis historias casi irreales, hasta que dejé de contarlas porque parecían de mentira y no estaba en sintonía con las personas de mi edad, hecho que me hizo caer en una depresión a la que mis padres no supieron hacer frente, porque la situación se nos había ido de las manos.

En los pasillos del instituto, por los que daba la sensación de que no pasara el tiempo, dudaba de si mi mundo de mayores era una ilusión o eran las clases las que no eran de verdad. Cuando estaba en Zaragoza me sentía lejos de mis compañeros y cuando pisaba Milán, a años luz de esa disparatada odisea.

Lo que no cambiaba eran mis sentimientos por Sergio, aunque me había resignado a dejarlos volar, sin más.

La rutina me sentaba bien y ponía en orden el caos milanés. Aunque cuando pasaban las semanas sin conseguir habituarme a esos pupitres de la calle Corona de Aragón, no dejaba de llorar, más delgada que nunca.

La primera vez que regresé de Italia y me incorporé a lo que ya conocía, la regla se me fue y me salieron granos, motivo por el cual la agencia Group, mi agencia en

España, me sugirió que tomara Roacután bajo la supervisión de un médico. Dios, cómo habría deseado que hubiera existido el Photoshop entonces, cuando me sangraban los labios y tenían que controlarme el hígado para comprobar que no se inflamara por consumir aquella bomba de pastillas para el acné. Para colmo, volví con mononucleosis infecciosa, la «enfermedad del beso», una infección vírica muy común que se transmite por contacto directo con la saliva, «supongo que por los vasos de la residencia», le dije a mi madre, obviando la cantidad de minutos durante los que ensayé con un italiano los besos que deseaba darle a otro.

Demasiados sacrificios —y otros que no mencionaré— para llevar un supuesto sueño hasta sus últimas consecuencias, sueño en el que me volvía un mero maniquí, como el del taller de mi abuela Aurora.

Mi cuerpo parecía un chicle. Durante los años en que la moda fue parte de mi vida, recuerdo sentarme en la butaca del avión delgada y perfecta y volver con cinco kilos de más, recibiendo en el aeropuerto el abrazo de mis padres a la vez que una mueca de disgusto por haberme abandonado. De inmediato, mi mente retrocedía en el tiempo, a la época de las punteras en la que me requisaban las chucherías, solo que esta vez era mi madre la que me escondía las magdalenas de casa y cocinaba a la plancha, consiguiendo que me obsesionara con la alimentación y, sin pretenderlo, empujándome a convertir mi cuerpo en un yoyó. Aunque jamás he vomitado ni lo he intentado, sí he tenido que comer a escondidas en casa al quedarme con hambre para que no me echaran la bronca por estar tirando tanto esfuerzo por la borda. Y sin haber tenido nunca problemas con el peso antes de cruzarse la moda en mi camino, me vi siguiendo dietas hipocalóricas, ayunando durante varios días a base de sirope de arce por prescripción de un «médico» naturópata al que me llevó mi madre —y que aseguraba que dicha cura era ideal para desintoxicar el cuerpo y adelgazar— o desayunando unas algas asquerosas.

En una ocasión, en medio de una clase, la Pepa, como llamábamos a nuestra profesora de Sociales, que comía de lunes a viernes en un vegetariano próximo al instituto, me dijo delante de todos que estaba muy delgada. La psicología de la docente brilló por su ausencia. No sé si quiso ayudar, pero consiguió más bien lo contrario.

Y volviendo al hilo de lo que contaba, quiero trasladar al presente lo que trataba de hacer durante aquellos años locos, cuando la tecnología no era nuestro pan de cada día: mostrar lo maravillosa que era mi vida.

Es lo mismo que hacemos hoy con esa ventana al mundo que son las redes sociales. Somos prisioneros de hacer ver que nuestra vida es la hostia y que la saboreamos hasta que sentimos que se nos corta la respiración. Es agotador.

Como terrible es esa corriente inspiracional de frases estúpidas que nos piden que los 365 días del año cuenten como si los hubiésemos vivido cabalgando en un unicornio mágico sobre el arcoíris. No podemos esperar que nos ocurran cosas excepcionales a todas horas, no es sano, sino agobiante.

No nos paramos a pensar que el noventa por ciento de nuestra vida es rutina.

Y eso me sucedía en Milán, estaba el día entero en tensión porque era imposible prever lo que iba a suceder cada semana y mi cabeza no paraba de darle vueltas a todo. Algunas semanas no descansaba yendo y viniendo a otros países en los que pasaba tan solo uno o dos días. Preparaba la maleta con más pereza que ilusión, sin saber si me marchaba o simplemente huía, aunque a la vuelta se me llenara la boca contando que había estado trabajando para fulano o mengano en tal sitio.

En el fondo añoraba una vida lenta en la que supiera lo que ocurriría al día siguiente.

Lo mundano y lo insustancial no es malo, no hace falta que nos pasen todo el rato cosas superexcepcionales, sino que tal vez debamos intentar solo conectar más con lo humano: disfrutar de una charla interesante, ayudar a un compañero, jugar con nuestros hijos, besar lento, cocinar una cena que nos motive. Valoremos la rutina. Por qué no buscar lo espectacular en ese ratito en que puedes tirarte en el sofá a descansar, en ese café de las mañanas que tan rico huele, en ese cuento antes de dormir que es ver tu serie favorita...

Quizá en mi rutina de instituto, antes de adentrarme en un mundo que me resultaba llamativo, yo era feliz.

Estaba a punto de cumplir dieciséis años cuando me dirigí a casa de Sergio. Me resultaba imposible sacármelo de la cabeza, y como antes del último viaje a Milán no se había atrevido a pedirme salir durante una pirola en las escaleras del instituto, mientras todos estaban en clase, mi estancia en Italia había sido una mierda. Había dejado a Nando por carta la primera vez que volví a Zaragoza, no sentíamos lo mismo y no quería hacerle perder el tiempo, ni que a mi regreso se volviera loco con mis historias tristes que no podía solucionar a distancia. Sé que esa manera de romper con alguien es despreciable. Ayer le escribí por Facebook para que me recordara un par de nombres, y le va bien. Recuerdo con cariño lo que supuso para mí.

Así pues, fui a buscar a Sergio, sabía dónde vivía, había paseado muchas veces por allí a mi perro Tom, un samoyedo precioso, para ver si me lo encontraba. Estaba atontada, todavía dando volteretas por la bofetada que suponía cambiar de mundo sin reponerme. Quería muchas cosas, pero solo una con ganas.

Era el 7 de junio, anochecía y poco a poco comenzaban a encenderse las farolas. Llamé a su portal, iba acompañada por unas amigas de clase que se dispersaron en cuanto me hube armado de valor para tocar el timbre de su urbanización. Al escuchar mi voz me dijo que enseguida bajaba. Lo esperé en un banco de madera frente a la piscina, quería atreverme a mirarlo a los ojos. El antídoto al sufrimiento es el amor, y yo ese día me tiré en plancha para concluir lo que habíamos dejado a medias en las escaleras del instituto, sin entender el caprichoso engranaje de las emociones que me llevaba siempre a él. Pensé en cuántas veces no buscamos la oportunidad de hablar por vergüenza, en todas las palabras que no pronunciamos, a las que me habría agarrado cuando me sentía perdida.

Pasaron algunos minutos. Cuando bajó nos abrazamos como si no fuéramos a volvernos a ver. Hablamos durante un buen rato sin movernos de ese banco, ajenos a lo que nos rodeaba, que podría haber sido un decorado. No sentíamos los minutos pasar. Me contó que se había enamorado de mí nada más verme el primer día de instituto, del olor de mi piel. A las 21.24 horas me pidió que saliera con él, sé la hora porque miré el reloj. Y yo, para que bebiera un poco de su propia medicina por haberme hecho esperar tantísimo, lancé una moneda al aire para jugarme mi respuesta a cara o cruz, como si el estar juntos dependiera del destino.

Cuando no sepáis qué decisión tomar no hay nada mejor que lanzar una moneda. Mientras está en el aire ya has decidido si quieres que salga cara o cruz.

Salió cara.

Aunque una cruz también me habría valido porque no albergaba dudas.

Y si bien continué alternando los libros y los tacones, a su lado siempre buscaba prórrogas para quedarme un poco más.

Joder, qué daría yo por viajar al pasado para revivir ese flechazo y sentir de nuevo la electricidad al darnos la mano, la emoción de esperarnos todo el día, los primeros besos en el ascensor, en un banco, en los baños del instituto, escondidos en la oscuridad de un cine, nuestra primera vez y lo irracional de la primera etapa del amor de verdad.

From this moment
How can it feel, this wrong.

PORTISHEAD, «Roads»

Volvería más veces a Milán, hasta que un día decidí no separarme más de Sergio ni caminar ausente por una ciudad a la que nunca debí viajar, por mucho que esos viajes y experiencias forjaran los cimientos de lo que soy hoy en día.

En adelante, todos mis trabajos los desempañaría en España.

Sin embargo, seguía boicoteándome: con la comida, o jodiéndome el pelo con henna negra, hasta que tal hazaña me obligó a cortármelo a lo chico. Quería vivir una vida acorde a mi edad y no me daba cuenta. Tomar yo las decisiones en lugar de que fueran otros los que lo hicieran por mí. Que no se me juzgara por mi físico. Que no fuera buena solo por estar delgada, y una mierda por haber cogido tres o cuatro kilos.

En esa ocasión, con un corte a lo Meg Ryan que ahora habría sido un acierto, recuerdo las palabras de Fernando Merino cuando llegué a su mesa en la agencia Group de Barcelona y me dijo con desdén que parecía el putón de *Grease*. Acto seguido regresó a la conversación telefónica que atendía sin reparar en mi expresión.

En la moda, todo depende del ojo de quien mira, y aunque la belleza es la prioridad, esta es muy subjetiva. Lo que a unos les horroriza a otros les fascina. Y en medio estás tú, sin saber a qué atenerte porque anulan cualquier decisión en torno a tu cuerpo, cuando en realidad la opinión que más importa es la tuya, lo que piensas tú de ti misma. Se requiere una ingeniería emocional muy evolucionada para no rasgarse ante tantas voces que tiran de ti, como en el juego de la soga, en direcciones opuestas. Ser meticulosamente estudiada por tanta gente es insano, estar continuamente sometida a examen y controlando lo que comes porque ya no sabes ni siquiera cómo es tu metabolismo, que está reventado de pasar del todo a la nada. De correr una hora diaria con Tom en el parque o en la cinta del gimnasio antes de ir al instituto, a atiborrarme de grasas para rebelarme contra todos y contra mí.

A esa edad es normal buscar la validación en la opinión ajena, tu cerebro está todavía en construcción. Y yo era lo que cada uno de ellos me decía que era en cada momento.

Menos mal que Sergio no paraba de repetirme lo bonita que me veía, cuando de repente las palabras vertidas sin cuidado me hacían sentir insegura y me costaba desvestirme por no estar a la altura de lo que se esperaba de mí.

Hace años que llevo el pelo prácticamente igual, centímetro arriba o abajo, por fidelidad a lo que tengo acostumbrado al público. En televisión he firmado contratos en los que me han exigido no modificar mi aspecto mientras durara la emisión del programa. Es el peaje que hay que pagar, y lo tengo asumido: les cedes los derechos de tu imagen durante un tiempo limitado para que sean dueños y señores de cómo te ves y no tengan que llevarse las manos a la cabeza si osas cambiar de manera radical tu apariencia.

Me alegro de haber recuperado la batuta en la orquesta que es mi cuerpo. Se sufre mucho cuando tu imagen les pertenece más a otros que a ti misma.

RECONCILIARSE CON LA COMIDA

Entre el sexo y comer, me quedo con lo segundo. Muchas veces he dicho en broma que, si creyera en Dios, podría meterme a monja siempre y cuando me permitieran comer todo lo que quisiera, sin austeridad.

Con los años, el sexo ha quedado relegado a un segundo plano, tal vez porque nunca me ha faltado, aunque ahora la agenda o el cansancio apilen los quehaceres conyugales. Pero comer con gusto es algo para lo que siempre hay tiempo, a lo sumo luego puedes tener algo de pesadez si has comido hasta el hartazgo.

Mi relación con la comida fue buena hasta que la moda se cruzó en mi camino. Antes de eso nunca fui golosa, me perdía el sabor de la sal; de hecho, mi abuela Aurora podía pasar por delante de mí cien veces las bonitas cajas metálicas de galletas de mi niñez, que cien veces le decía que no a su ofrecimiento.

Mientras fui modelo, la comida saciaba mi tristeza y mi vacío. Durante mis largas estancias en el extranjero podía engañar a la soledad con una simple porción de pizza, en la que buscaba consuelo. Luego me sentía culpable por la abrumadora sensación de que estaba abandonándome.

Me boicoteaba porque en el fondo no quería estar allí, lo he descubierto gracias a este libro. La moda ha sido en mi vida una sucesión de decisiones estúpidas.

Cada vez que ponía el pie en una ciudad, la historia se repetía: me hacían «polas», me pesaban y me medían la cadera. Eso cada semana de mi vida durante mucho tiempo, a una edad en la que la mente y el cuerpo están en pleno desarrollo.

Recuerdo esa vez que mi *booker* de Milán me invitó a comer. Nos sentamos ambos en una bonita terraza. Yo tenía diecisiete años. Él se pidió un plato de pasta moviendo las manos con chulería y, sin preguntarme siquiera, inmediatamente eligió para mí una ensalada. De postre se tomó una crep de chocolate y yo me decanté por un *latte*, pero enseguida aquel *booker*, hoy dueño de una de las agencias más importantes de Italia, le pidió al camarero que fuera mejor un café solo, porque consideró que la leche no era adecuada para mí.

Creo que a todos los que han formado parte de este capítulo de mi vida les he dedicado más tinta y lágrimas de las que se merecen.

Cuando me despedí de la moda también lo hizo mi insana costumbre de comer compulsivamente, de esconderme para que no me viera mi madre joder la dieta, de arrastrar la culpabilidad después de una digestión pesada. De sufrir por no ser capaz de comer lo estipulado en esa dieta fotocopiada de mil calorías colgada en la nevera con imanes. De sentir que alimentarme me generaba malestar. De secar el aceite de la comida a la plancha con una servilleta de papel. De dividir los alimentos en malos o buenos. De no hallar el equilibrio de ninguna manera.

Todo eso se acabó.

La época en la que me arrastraba en tacones fue la más dura en cuanto a cánones estéticos de referencia. Kate Moss fue la precursora de un referente de belleza difícil de seguir, que distaba mucho de ser sano. La supermodelo llegó a declarar a la prensa que «nada sabía mejor que estar flaca». Yo había crecido viendo cómo se contoneaban las grandes musas de la moda sobre las pasarelas, con su pecho y sus curvas y, de repente, se imponía estar en los huesos y matarse de hambre a base de lechugas y proteínas para ser como ellas.

Había que obedecer.

La grasa de los alimentos se demonizó. La sociedad premiaba la delgadez, como si nuestros cuerpos fueran tendencias y las mujeres pudiéramos transformarnos a golpe de dietas draconianas, ejercicios, cirugías o pastillas. Las sonrisas desaparecieron de la pasarela, los diseñadores nos pedían que desfiláramos serias, como ausentes, con la mirada al infinito. Caminando sin florituras, rectas, como si lo hiciéramos desganadas un día malo por la calle. En las revistas posábamos demacradas, pálidas, con ojeras, con aspecto de estar consumidas por un virus letal, de haber sufrido una sobredosis o de ser perras pulgosas. Se empezaron a llevar los pezones pequeños, sí, una locura, hablábamos de ello como si lo hiciéramos de botones que podían coserse y descoserse a nuestro antojo. Todo ello incitaba a la anorexia y a los trastornos alimenticios. Marcar clavícula estaba de moda, cuanto más delgada fueras, mejor. Querían perchas. Se acabaron las divas a las que nos habíamos acostumbrado. La cultura de la dieta se impuso a través de los anuncios de televisión, de las revistas, las publicidades en las farmacias, en el seno de nuestras familias. La sociedad nos bombardeó comercializando productos milagrosos con los que librarnos de nuestras curvas, haciéndonos sentir mal por tenerlas. Muchas de las adolescentes que estábamos en pleno desarrollo odiábamos que el pecho creciera o nuestra cadera se redondeara.

La extrema delgadez se abrió paso sin pedir permiso, las campañas mostraban cuerpos escuálidos, frágiles, caras pálidas. Los maquillajes coloridos quedaron en el olvido, cuanto más enfermiza era nuestra imagen, más actual se veía. El *heroin chic* había llegado. Muchas *celebrities* reafirmaron una belleza, que antes admirábamos, bajo ese estándar de extrema delgadez en el que sus esqueletos se insinuaban bajo la tela de los vestidos. Las hermanas Olsen, a las que habíamos visto crecer porque se habían hecho famosas en la mítica serie de los ochenta *Padres forzosos*, posaban en los *photocalls* consumidas, como si se fueran a romper en cualquier momento.

La belleza a veces funciona como una cárcel, y estar delgada ha sido hasta hace bien poco sinónimo de éxito y aceptación social. Hemos normalizado la restricción de alimentos llamándola «autocuidado», cuando en realidad el autocuidado consiste en llevar una dieta equilibrada, hacer ejercicio, gozar de buena salud mental, dormir a pierna suelta las suficientes horas, reducir las sustancias tóxicas en nuestra vida, mantener las amistades que merecen la pena, cuidar de nuestro cuerpo y nuestra piel, trabajar el amor y el respeto hacia nosotros mismos, tirarnos a la bartola si es lo que nos apetece y reducir en la medida de nuestras posibilidades el estrés o el uso de móviles.

Me doy cuenta de que he perdido muchos años de mi vida tratando de mantenerme delgada por una cuestión estética, como si por el hecho de haberlo logrado hubiera ya triunfado.

Las mujeres hemos vivido a bandazos, dependiendo de lo que dictan los cánones en cada momento, enjuiciadas si no hemos sabido adaptarnos cual camaleones, y descontentas con nuestro físico cuando no coincide con lo que está de moda. Nos han sentenciado durante décadas. En un momento en el que parece que por fin celebramos todos los cuerpos, me tiro de los pelos al ver que hay cierto interés en recuperar en la moda la glorificación de la delgadez que tanto daño nos hizo a muchas, y que nunca quisimos que viviera la generación Z, la de mi hija, la de los nativos digitales. Pero con la gravedad añadida de saber las heridas que dejó a sus espaldas y de las que aún no nos hemos repuesto.

La moda es en gran medida responsable de los TCA (trastornos de la conducta alimentaria) al promover cánones estéticos imposibles. Cierto es que no es la única culpable, todos lo somos en mayor o menor medida, junto a los medios de comunicación y la publicidad, creando imágenes ficticias, retocadas con Photoshop, adulterando el resultado final, que es inalcanzable para la inmensa mayoría, sin tener en cuenta el daño que podemos estar causando a las personas más vulnerables, a los niños y adolescentes.

Hoy en día tendemos a confundir la estética con la salud. En ese sentido considero que aceptar y amar nuestro cuerpo —sea cual sea su envoltorio— es muy importante, pero mantenerlo sano y cuidarlo es primordial. A mí no me gusta todo del mío, pero he aprendido a quererlo porque me permite llevar una vida preciosa, correr detrás de mi hija, jugar con ella, viajar, besar, escribir, bailar o despotricar.

Yo, en vista de mis antecedentes, necesito sentir que estoy sana, y esto pasa por cuidar mi alimentación, sin obsesionarme, y moverme. Por ejemplo, ahora que trabajo escribiendo mi segundo libro, y dejándome al menos una dioptría en esta aventura, procuro levantarme cada hora (me pongo la alarma) y dar un paseo por casa, aunque solo sea para beber agua o ir al baño. Y cuando llevo demasiadas horas en la misma posición hago bici para que no me duelan las piernas y circule la sangre, que noto que se me estanca cada vez que me siento en esta silla cerca de la ventana para contaros cosas.

Por otro lado, es una verdad como un templo que ahora comemos menos que nuestros ancestros y, sin embargo, nos cuesta más mantenernos en nuestro peso. Con toda la información de que disponemos, nos alimentamos peor que nunca: bebidas azucaradas, alimentos precocinados, postres lácteos, patatas fritas... A la industria alimentaria le interesa cebarnos y lo consigue a través de los potenciadores del sabor, añadiendo azúcar, sal y grasas para hacer más apetitosos los productos. Yo intento no acudir al supermercado con hambre, pero muchos días no puedo evitar sucumbir al queso, los nachos mexicanos, las pizzas o a otras glorias benditas.

Es ley que en mi casa nadie hable de calorías, kilos o lorzas, lo hemos pactado así Sergio y yo. No queremos que Luna le dé importancia a lo que no la tiene, no quiero construir su mundo sobre los mismos pilares venenosos que soportaron el mío. Y aun así, hace unos días, mi hija de cuatro años vino hasta mí y, levantándose la camiseta —ella que tiene dos palillos por piernas como Pinocho—, me dijo: «Mamá, ¿tengo la tripa gorda?». Y es que todavía conserva esa tripota de bebé que me comería todos los días a besos, pero me sorprendió esa apreciación en una niña tan pequeña, al parecer provocada por el comentario de un compañero.

Dejemos de darle tanta notoriedad al físico de las personas, dejemos de evaluarnos por lo que vemos en la superficie, todo el rato, a todas horas. Yo sé que en mi trabajo la imagen me ha abierto puertas, pero también me ha obligado a demostrar más que otros.

Creo que visibilizar todos los cuerpos es un acierto. Para mí es motivo de felicidad saber que cada vez la horquilla de tallas es mayor para vestir todas como nos dé la gana, pero me molesta que algunas marcas —que nos han cosificado durante años— empaticen ahora con nosotras solo para vender, no tanto para dar protagonismo a todos los cuerpos, ya que la realidad es que esas marcas luego no disponen en sus tiendas físicas de según qué tallas, que o bien no se fabrican, o bien hay que comprarlas *online*. Están más preocupadas por conectar con su público que por abordar el complicado tema de la diversidad en la publicidad. Veo que es más una estrategia de marketing que una razón de verdad, sobre todo ahora que parece ser que volvemos a las andadas y regresamos a la década infernal que propició que muchas deseáramos la extrema delgadez a toda costa.

Los movimientos como el *body positive* (que reivindica que todos los cuerpos son válidos) han hecho que las tallas grandes suban también a las pasarelas, y esto es fabuloso, que dure. Pero hay que ser crítico, si la industria de la moda permite que estemos gordos, pierde dinero. Las tallas grandes requieren patronajes más complejos, utilizan más tela. Las tallas pequeñas abaratan costes. A las marcas les encantaría que todos lleváramos una talla 36.

A estas alturas del partido no quiero sacrificar tanto por tener un cuerpo espléndido, solo sentirme a gusto dentro de mi propia piel. Ya no soy esa niña de quince años, frágil, que se expresaba a través de la comida y hacía lo posible por estar perfecta.

Me da igual.

Mido 1,76 centímetros y mi peso oscila entre los 63 kilos y los 68 kilos (pesaba 54 en la época con la que comienza este libro, en 2010). No me peso habitualmente, salvo en dos o tres ocasiones a lo largo del año por mera curiosidad, tampoco cojo la cinta métrica a no ser que un estilista me reclame las medidas, bastantes años he vivido ya bajo su yugo. A la única que subo a la báscula es a Luna para calcular la cantidad de jarabe que debo darle cuando se pone malita.

Respecto a la alimentación de mi hija, he tomado nota de un error que antes cometía, y muchos cometemos, por desconocimiento y que hemos heredado de nuestros padres y abuelos: la obstinación por que el niño se acabe el plato y lo deje reluciente. Y, ojo, que tiene un nombre: «síndrome del plato vacío». ¿A cuántos de nosotros nos exigían terminarnos la comida y si no, nos la guardaban en la nevera para cenar? Aún recuerdo mis lloros frente a ese hígado empanado que se puso de moda ofrecer a los niños para que tuvieran reservas de hierro, y que me provocaba arcadas, una detrás de otra. No quiero seguir forzando a Luna a que deje el plato inmaculado, es una tropelía y una manía de la que debemos librarnos los padres.

Sin embargo, cuando decidí no hacerlo más, cometí otro error de bulto del que ya me habían advertido: terminarme lo que quedaba en el plato de Luna porque me daba pena tirar la comida, en homenaje a todos los chantajes emocionales de nuestra niñez, como el de «piensa en los niños de África que no tienen para comer». Así que mi estómago acababa haciendo la función de cubo de la basura, hasta que comprobé que no me cerraban los pantalones y me dio una pereza tremenda tener que ir a comprar ropa nueva.

Según las guías infantiles, es un abuso de poder pedirles a nuestros hijos que se acaben el plato cuando ya están satisfechos, además de contraproducente. Yo he repetido hasta cansarme a mí misma eso de «No te levantas hasta que no te acabes el plato», en calidad de la teniente Abenia, y ahora me arrepiento, aunque lo hacía con la mejor voluntad, para que la niña estuviera cubierta. No nos entra en la cabeza —y a mí a veces todavía me cuesta— que los niños autorregulan su alimentación dependiendo de sus necesidades. Ellos mismos deciden cuándo dejar de comer porque se han saciado. Y no vale usar la comida como premio —«Si te acabas las lentejas, te daré chocolate»—, hacer el avioncito o entretener al niño para que coma más sin que se dé cuenta (nosotras a veces pintamos en la mesa). Culpable, una vez más. Lo único que conseguimos es que rehúyan la comida o incluso les provoque asco, porque la mayoría de las veces no necesitan tanta. Los expertos aseguran que los niños, cuando tienen hambre, por el instinto de supervivencia innato en el ser humano, comen. Obligarlos a comer será el caldo de cultivo para que el día de mañana sufran trastornos alimentarios, baja autoestima u obesidad. Es necesario que desde pequeñitos los niños aprendan a tener una buena relación con la comida; sé que no es fácil, porque muchos hemos adquirido vicios, pero es importante ponerlo en práctica. Luna venía llorando del colegio a casa muchos días porque la habían castigado en el comedor. Cuando comen despacio ponen a los niños en una mesa aparte, a modo de reprimenda. Hablamos con su profesora para manifestar que preferíamos que la niña comiera menos, pero que estar sentada en el comedor le resultara una experiencia agradable. Sabemos que lo de comer con ganas no es una cualidad intrínseca a Luna, pero conseguimos que las comidas dejaran de suponer un trauma, y aunque me consta que la siguen castigando por comer despacio, al igual que a otros niños de su clase, he logrado que se ría de ello con nosotros y nos lo cuente como algo que ha sucedido pero que no importa, como si se tratara de una travesura, así ella no interpreta que sea un hecho terrible.

De aquellos polvos, estos lodos, qué se le va a hacer. Aprendo cada día qué desaprender de mi pasado. Voy actualizando todo lo que he asumido como bueno pero no lo es. Y cuesta. Aun así, adoro a mi hija y quiero hacerlo lo mejor posible, teniendo en cuenta que meteré la pata una y mil veces, los padres no somos perfectos, y no es malo que nuestros hijos lo sepan.

Con todo, ojalá el fantasma de la extrema delgadez en la moda no regrese y no nos veamos obligados a lidiar con todas y cada una de sus terribles consecuencias.

AMOR A CARA O CRUZ

Muchas veces, en entrevistas o incluso mis amigos, me preguntan cuál es el secreto de llevar tantos años con Sergio. Son veintitantos, me asusta hasta contarlos. He pasado más tiempo de mi vida con él que sin él. Y después de mucho pensarlo, creo que dar luz verde a las discusiones ha sido una de las claves de mi longeva relación.

No siempre fue ese el truco. Al inicio de mi relación no veía fallos en él, y os aseguro que los tiene, como yo, como todos. Discutir es algo que ninguno de los dos nos planteábamos porque nos encontrábamos flotando en una luna de miel que pensábamos que duraría siempre. No queríamos pasar ni un solo segundo del día separados.

Los enamorados atraviesan un desierto de enajenación transitoria en el que el uno es para el otro la última Coca-Cola del desierto. Se someten los unos a los otros, sin darse cuenta de ello ni importarles lo más mínimo anteponer los deseos del otro a los suyos propios. La falta de objetividad que conlleva un flechazo no concibe, salvo en ocasiones contadas, reproches ni una palabra más alta que otra en la pareja. Vives continuamente excitada o excitado. El cine, la música y la literatura se han encargado además de ensalzar todo lo que respiran los inicios de una relación.

Pagaría un buen pico por volver a experimentar esa etapa tan loca y sexual.

Pero el amor no es lineal, atraviesa diferentes fases. No podemos pasarnos meses y meses liberando hormonas como caramelos en la cabalgata de los Reyes Mayos, acabaríamos agotados.

Después de una época de polvos mágicos, en sentido literal y figurado, el amor pasa a ser más apacible y surgen las primeras diferencias, que hay que saber manejar. Dejas de idealizar a tu pareja y te posas en tierra, empiezas a advertir algunos defectos en el otro y percibes ciertas diferencias. Yo tardé muchísimo en alcanzar esta fase, desafiando todas las leyes físicas y químicas. Viví enamorada y a cien metros sobre el mar mucho tiempo. Mucho.

Hasta que la efervescencia dio paso a un amor real en el que proyectar ilusiones. Es curioso, pero, por una cuestión de edad —éramos muy jóvenes—, nuestros amigos fueron siempre suyos y míos. Los planes de fin de semana, los viajes, las comidas y cenas, los conciertos, eran siempre en común, salir cada uno por su lado nos parecía un desperdicio, acabábamos echándonos de menos, y de aquella manera era más divertido. Nos comportábamos en grupo como si fuéramos colegas, nunca hemos sido empalagosos a la hora de profesar nuestro amor en público. Nuestros amigos Fermín y Arantza comenzaron poco después que nosotros, y hoy siguen juntos y felices compartiendo vida con sus hijos gemelos. También Alberto y Carmen, que han sellado su amor con diez hijos (hay rumores de que se está cocinando el undécimo, no quiero ni imaginarme cómo deben de ser los desayunos en esa casa, con litros de leche, varias cajas de cereales y un solo lavavajillas, o cuando uno de ellos está malo y contagia a los demás, si yo con una hija voy ya de aquí para allá).

Ahora que disfruto de un amor maduro, en el que siento que encajo con mi pareja más allá del deseo, por carácter y personalidad, un amor en el que los celos no existen porque la confianza es plena y ha llovido mucho desde aquellos primeros años cuando los besos se extendían durante minutos y minutos sobre una alfombra o donde pillara, cuando mi mundo se reducía a escucharlo respirar acurrucada en su pecho, cuando escribía su nombre una y otra vez en las servilletas, considero necesario hablar aunque resulte incómodo, en lugar de escondernos bajo las sábanas, porque si no luego surgen las explosiones capaces de dinamitar una relación. Las relaciones adultas son un baile entre dos personas que están en lugares parecidos.

A mí no me ha ido mal esta fórmula. Y nos queremos muchísimo. Es una relación preciosa en la que nos hemos hecho adultos juntos y ojalá nos veamos también arrugarnos como pasas, eso que Luna quiere evitar a toda costa por lo que intuye que puede ocurrir después.

Cierto es que las discusiones tienen muy mala prensa, parecen el origen de todos los males, el lugar donde se pierden las quinielas, y no puedo estar más en desacuerdo. Las discusiones, siempre mantenidas con respeto, son realmente útiles. Consideramos un acto de violencia discutir, cuando a mí me parece de lo más sano. Leerse la cartilla de vez en cuando es una fiesta para el cuerpo y la mente.

No es lo mismo un conflicto violento que un conflicto. Es normal no estar de acuerdo con los demás. Parece una hecatombe discutir, nos da miedo que todo se vaya a tomar por culo, cuando lo que no merece la pena es conservar una relación que se resquebraja a las primeras de cambio por un desacuerdo. Yo no he sido capaz de callarme nunca. He discutido airadamente con mis padres, con mi hermana, con Sergio, con mis amigos más cercanos, con mi representante o al dar una opinión impopular. Y no pasa nada. Lo he hecho por el cariño que les proceso a todos ellos, porque me importan.

¿Cómo, si no es discutiendo, podemos abordar todas esas situaciones que no nos satisfacen o que nos resultan inadmisibles?

A mí lo que me da pánico son esas personas que parecen no alterarse y a las que no se les ve venir, que saben medir las palabras al milímetro para que no suenen mal. Los asesinos de las series que veo suelen tener estos patrones de conducta, quizá por eso me crispan quienes arbitran conversaciones sin calentarse, contenidos, eligiendo las palabras como si eligieran un buen vino, sin pestañear ni descomponerse. Algo traman, seguro. No son trigo limpio.

Bromas aparte, en las relaciones de pareja es clave marcar líneas rojas, delimitar fronteras, y para ello hay que tirarse al barro. Porque es lícito y normal que cada persona piense una cosa, no hay una realidad única. Ahora vivimos en una sociedad de ofendidos, no sabemos discutir, escuchar opiniones, participar en debates enriquecedores. No aceptamos que las otras personas tengan un punto de vista distinto al nuestro. Me da mucha pena que no exista libertad para pronunciarnos sin que se nos cancele. La gente no cesa de odiar, de manera más explícita en las redes. No nos damos cuenta de que podemos empatizar y discutir. No son cosas opuestas.

Aprendamos a discutir, no importa que no lleguemos a un acuerdo o no logremos convencer al otro.

Discutir, dialogar acaloradamente defendiendo nuestras posturas, nos otorga el derecho a poner el foco en lo que no nos gusta, nos ofrece la llave para ser honestos con nosotros mismos y así expresar nuestras emociones.

Sergio y yo hemos crecido juntos, pero cada uno tiene una manera de ser. La convivencia consiste en encajar las posturas de ambos, a veces divergentes, y también las manías. No creo en las parejas perfectas, desconfío de aquellas relaciones que apestan a manzana dulce de feria.

Sergio y yo nos permitimos entendernos en algunas ocasiones a través de las discusiones, tratando de no pasarnos para no acabar como el rosario de la aurora. Y nunca delante de Luna. Argumentamos, exponemos nuestras diferencias rifándonos la razón, incluso a veces hemos acabado durmiendo en habitaciones diferentes porque no hemos conseguido llegar a un punto de encuentro.

Hoy en día tenemos la piel tan fina que las relaciones no duran, no se hace una apuesta real. Nada más ver algo que no nos gusta, nos libramos de esa persona y buscamos a otra que está todavía por inventarse, a poder ser lo más parecida a nosotros. Evitamos los rifirrafes en la misma medida en que evitamos el compromiso.

Nunca había visto tantas relaciones rotas en tan poco tiempo. Me doy cuenta de que Sergio y yo somos la resistencia. No aguantamos ni un asalto, cuando tropezamos con la primera piedra del camino nos volvemos a casa. No son muchas las personas de mediana edad que conservan su pareja de hace años. En algunos casos la pareja aguanta, pero ambos se han marchado de la relación mucho antes de irse, me refiero a que llevan tiempo sin luchar por estar juntos, sin estar comprometidos, sin tenerse ganas.

Cuando el amor se rompe, en el fondo no lloramos lo que había en el momento en el que se extingue la relación sentimental, sino el recuerdo de lo que hubo, de cuando todo iba bien y éramos felices, de algo que ya no existe.

Veo a esta sociedad cada vez más apática. Estamos más conectados que nunca a través de la tecnología, pero más lejos de lo que imaginamos los unos de los otros. Más solitarios. Más deshumanizados. Menos empáticos. Más resabiados.

Le encuentro un paralelismo con *Shutter Island*, la siniestra película de Martin Scorsese protagonizada por Leonardo di Caprio sobre los pacientes de una institución mental de una remota isla, algunos de los cuales han sufrido una lobotomía cerebral. Se trata de una psicocirugía que destruye algunas vías neurales, episodio real y bárbaro de la historia de la psiquiatría, prohibida desde 1967, por lo cual muchas de las personas sometidas a ella perdían su capacidad de emocionarse, algunas incluso la capacidad de comunicarse, caminar o alimentarse por sí mismas. Cumplía la función de los antipsicóticos de hoy en día.

Sin llegar a esos niveles, creo que esta sociedad busca clones que sepan reprimir sus emociones, como si eso fuera la panacea y supusiera estar al cargo de nuestras vidas. Se aplaude que sepamos canalizar la angustia, los miedos y los enfados y convertirlos en algo positivo, en lugar de hacerles frente como Dios manda para hacerlos desaparecer. Somos como corderitos que no deben balar más que cuando nos lo dicen, todos al unísono y en la misma dirección, no vaya a ser que haya discrepancias. Y al final reventamos de tanto contener la puerta de la presa y consumir panfletos positivistas que pretenden que ignoremos lo malo y lo escondamos donde no lo pueda ver nadie, ni nosotros mismos.

Y lo malo seguirá ahí, por mucho que le demos la espalda, hasta que nos remanguemos la camisa y lo contemplemos cara a cara.

Los roces existen cuando nos comunicamos, que no nos asuste entrar al trapo. Yo ya no me callo, no temo mostrar la rabia, subirme al cuadrilátero de las palabras, sin insultar. Porque si no discutiera le estaría dando la razón a Sergio, completamente anulada o resignada, infeliz por tener que adaptarme a la forma de vivir y pensar del otro. Y lo mismo a la inversa.

La represión, en cualquier ámbito, no trae nada bueno. Si hay represión sexual, anhelas un polvo más que nadie, si te reprimes en la alimentación, deseas la comida como si fuera tu último bocado, si evitas los conflictos, estos estallarán con la fuerza de una olla exprés por todas las palabras acumuladas que no has tenido narices de decirle al otro.

Ahora discuto menos que hace años porque hemos dejado claro lo que nos molesta, y aun así tengo colgados, entiéndase con humor, los guantes para salir al *ring* bien a mano por si tenemos que echarnos algo en cara. No sabéis lo bien que sienta ser sincero contigo mismo. Es como pasar por agua y jabón. Te sientes limpio y relajado. Ser sincero con los demás es otra cosa, porque no siempre es bueno ir con la verdad por delante, a veces con ella podemos hacer daño.

Con Sergio trato de ser honesta, y deseo que él también lo sea conmigo. Prefiero una verdad dolorosa que vivir en la mentira, por pequeña que sea. De puertas para fuera, en cambio, tengo más cuidado y procuro no pasarme de la raya. Yo suelo aceptar grandes verdades, pero aquí hay trampa, porque no todo el mundo es capaz de soportarlas. A veces, la verdad no es una caricia y puede tener consecuencias muy negativas. No nos hace mejores personas ser extremadamente sinceros en lo cotidiano. Yo era muy fantasiosa de pequeña y, sin embargo, ahora miento solo para no herir y proteger los sentimientos de los demás. Quién soy yo para joderle el día a alguien.

Hay muchos motivos para decir la verdad y muchos motivos para no decirla. Amortiguar el dolor es vital para mantener relaciones sanas. Ser educados a veces implica mentir. El otro día mi hija me dijo en voz alta en una tienda: «Mamá, esta señora es muy vieja, ¿verdad?». Enseguida, ruborizada, le pedí a Luna que por favor no lo dijera más veces, porque la señora podía sentirse triste. La mujer no era demasiado mayor, lo que ocurre es que tenía el pelo blanco, sin teñir, como haré yo el día que me canse de echarme agua oxigenada todos los meses en la peluquería, eso sí, con el labio rojo y máscara de pestañas. Le expliqué que hay cosas que a la gente no le gusta escuchar. ¿Le estoy enseñando a mentir? Sí, pero también educación.

Así que, a no ser que me la reclamen con cara de necesidad, lo pienso dos veces antes de ser sincera fuera de casa.

MATERNIDAD SIN EDULCORAR

Estoy completamente en contra de vender una maternidad envuelta en sirope de fresa, rosa y maravillosa.

Antes o después vamos a descubrir que todo lo que gira en torno a ser madre está muy idealizado y velado por grandes silencios. En algún momento después de dar a luz, nuestros ánimos van a acabar arrastrándose por el pasillo como una fregona por no haber sido plenamente conscientes de dónde nos metíamos. Hablar con honestidad de la maternidad, airear sus luces y sus sombras, nos regalaría a todas una visión realista de lo que se nos viene encima y nos ayudaría a lidiar con ello mucho mejor.

Sobrevivirse a una misma es un reto en ocasiones cuando se es mamá.

El embarazo es una sorpresa mayúscula, aunque lo estés esperando. Lo cierto es que cuando las dos rayas inconfundibles aparecen en la ventana del test de embarazo, nos da un vuelco el corazón. Es entonces cuando comienza la aventura. Una ruleta rusa en la que no sabemos si nos tocará vomitar durante meses como si vi-

viéramos en alta mar, guardar reposo, pincharnos heparina (el embarazo es un estado protrombótico), sufrir diabetes gestacional, presión arterial alta, anemia o preeclampsia, o si nuestras hormonas nos jugarán una mala pasada y nos sentiremos deprimidas.

Los embarazos raras veces salen según lo planeado, y está bien saberlo.

Estar embarazadas a la inmensa mayoría nos llena de felicidad, pero también de dudas. De repente nos planteamos si seremos buenas madres, si seremos capaces de soportar el dolor del parto natural o de una cesárea, si daremos o no el pecho, si será niña o niño, de qué color pintaremos la habitación del bebé, cómo se llamará…

A las preñadas nos preocupa mucho cómo nos afectará profesionalmente la llegada del bebé —o de los bebés, si el padre estaba en racha ese día—, porque en esta sociedad la conciliación no es una realidad y nos creímos aquello que nos decían nuestras madres de «lo que quieras, lo puedes conseguir», en un mundo diseñado por hombres y en el que ellos han escrito las reglas del juego. Y en el que todavía tenemos que hacer un ejercicio de renuncias para llegar a todo, dado que la familia sigue pivotando sobre la mujer.

Nos han metido un gol.

Nos creímos que podíamos tener una bonita familia y también el puesto de trabajo que deseábamos, pero eso significa vivir haciendo malabares. Es una proeza mantenerse en un puesto directivo o dedicarnos a lo que nos gusta, llegar a casa con la energía suficiente para jugar y contarles un cuento a nuestros hijos, preparar la mejor cena, follar como una diosa y seguir alimentando unas relaciones sociales que nos permitan fantasear con que nuestra vida apenas ha cambiado. *Et voilà*, como esta es una batalla perdida, nos sentimos mal y nos agobiamos por no sacar adelante todo lo que se presupone que bien organizaditas podríamos conseguir.

Y una mierda. No somos supermujeres. No queremos superpoderes, sino simplemente ser mujeres.

La lucha de todas nosotras por participar en esta sociedad en igualdad de condiciones y desarrollarnos personalmente implica mucha autoexigencia y no compensa. Tampoco nadie nos habló del techo de cristal que impone la maternidad, en la que ves parte de tus sueños suicidarse desde un puente.

Reconozco que mi embarazo lo viví con ilusión. Me encantaba mi tripa y esa sensación de que todo el mundo te sonríe por la calle. Te ceden el sitio (la mayoría de las veces) y aunque no tengas antojos te los inventas porque te los conceden. Pero también es normal no vivir el embarazo de esta manera y pegarte un tortazo porque tienes la sensación de pasar los nueve meses enferma. Incluso yo tuve días de mierda durante el cuarto mes de embarazo, y es que desde el momento en que nos fecundan debemos quitarnos de la cabeza eso de que todo va a ser de color pastel. De hecho, hasta que no cumplí los seis meses de embarazo evité comprar nada para el bebé, por si el embarazo se truncaba y no llegaba a término. A las dieciséis semanas noté por primera vez a Luna, como si unas mariposas volaran dentro de mí. Me acostumbré rápido a sentirla, es lo mejor del mundo. Y cuando pasaba un par de días sin notar nada ahí dentro, me agobiaba.

La maternidad no es un cuento de hadas.

Durante mi estado de buena esperanza trabajé a conciencia el suelo pélvico con mi fisio Elena Valiente, haciendo ejercicios de Kegel unos tres días por semana, mientras cocinaba o esperaba que se pusieran en verde los semáforos para evitar después de dar a luz incontinencias al toser, reír o saltar. Nadie te explica estas cosas antes de quedarte en estado, y no son ninguna tontería. Si lo estás, comienza a ejercitar tu suelo pélvico YA. Si el médico no te indica lo contrario, hacer ejercicio durante el embarazo (evitando los impactos y algunas posturas) es un regalo para ti y para tu bebé. Yo pude hacer pesas y montarme en la bici elíptica hasta tres días antes de parir, y eso me hizo sentirme fuerte para enfrentarme a los siguientes meses.

Cuando nació Luna, el 17 de julio de 2018 (aunque su padre siempre se equivoca y dice que vino a este mundo el 18), todo a lo que estábamos acostumbrados se esfumó.

El parto no pudo ir mejor, y eso que yo fui de esas que no acuden a ninguna puñetera clase preparto porque saben que llegado el momento no van a acordarse de poner nada en práctica. Fue programado porque en el cuarto mes de embarazo, un día después de convertirme en Demi Lovato en *Tu cara me suena*, de Antena 3, tuve un gran susto por un trombo en la axila izquierda. Este fue el gran pero de mi embarazo, que hizo que tuvieran que calificarlo de «alto riesgo».

Los culpables: un déficit de proteína S, que hace que la sangre sea más densa —cuando ya lo es de por sí durante la gestación—, así como un precioso viaje a Florencia unos días antes de la gala, desconociendo que debía tomar un anticoagulante como medida preventiva antes de subir al avión. Un reciente análisis de sangre rutinario, mal realizado, también despertó las sospechas. Como resultado de aquello tuve que pincharme heparina hasta 48 horas antes de ingresar en el hospital (39 + 2), primero en dosis terapéuticas y luego profilácticas, y retomar el tratamiento después en el puerperio, durante cuarenta días más, en los que veía que no había compresa capaz de contener tanta sangre.

El fastidio de tener que pincharse heparina no es el hecho de agujerearte a diario, al final la piel ya ni duele de lo anestesiada que se queda y tú podrías hacer sustituciones en cualquier hospital gracias a la destreza y el pulso que adquieres (Sergio nunca pudo mirarme mientras lo hacía), sino que deben transcurrir al menos doce horas desde el último banderillazo para que te puedan administrar la epidural. Y yo no tenía valor para parir sin que me durmieran de cintura para abajo. Por cierto, me quito el sombrero ante todas las valientes que lo hacéis a pelo por el motivo que sea: bien por decisión propia, bien porque no llegasteis a tiempo al hospital.

Por mi experiencia, yo solo puedo alabar la epidural, aunque el pinchazo en la zona lumbar reviviera mis peores recuerdos.

En el hospital Monteprincipe de Boadilla del Monte me ofrecieron dar a luz en una gran bañera dispuesta en la habitación para tener un parto de baja intervención. Pero yo, que soy muy práctica en estas cosas, preferí el quirófano de entrada y no tener que ir corriendo como si me hubieran rescatado de una piscina si algo iba mal durante los pujos acuáticos. En temas de salud no me gusta dejar nada al azar, y en cualquier parto puede haber imprevistos como una vuelta de cordón, un bebé que no baja, sufrimiento fetal…, que se solventan mejor en la sala de operaciones que dentro del agua.

La práctica de parir en casa no la entiendo. Hace años no había otra opción, pero elegir dar a luz en el calor de tu casa porque es un lugar que no te resulta ajeno me parece un retroceso y una barbaridad, porque cualquier adversidad puede ser fatal, por mucho que al lado haya una matrona experimentada. Y, desde luego, no es el sitio más seguro ni más aséptico, por mucho que una se sienta más cómoda pariendo en su cama o en la piscina de lona azul que ha montado en el salón. Por la salud del bebé y la de su mamá. Y aunque en España se puede optar por un parto en casa, encuentro irresponsable poner en riesgo la vida de un bebé que no tiene la capacidad de elegir cómo va a producirse su nacimiento. Un parto en casa puede ir sobre ruedas, pero si se tuerce, las consecuencias de esta arriesgada elección —que muchas familias y sanitarios tratan de romantizar— pueden llegar a ser devastadoras, puesto que no hay una ambulancia en la puerta de la parturienta para atenderla si ocurre algo. Desconozco si hay menos episiotomías, partos instrumentales y cesáreas en los domicilios, pero el hecho de que la vivienda deba estar a menos de treinta minutos de un centro hospitalario no hace que esta práctica sea segura. Todos conocemos casos de partos asistidos en un hospital en los que unos segundos fueron vitales dentro del quirófano para salvar la vida del bebé o evitar que arrastrara daños neurológicos de por vida.

Creo que es importante elegir bien el lugar donde viviremos el bonito recibimiento.

Otra cosa de la que no te hablan cuando te quedas embarazada es del tembleque que te entra cuando das a luz. No sé si es producto de la epidural o del propio parto. Cuando me pusieron a Luna encima del pecho (con vistas a un precioso bosque), tuve que pedirle a mi ginecóloga que se la diera al padre para que la criatura no se pegara un tortazo antes de respirar un poco de mundo, con su resbaladiza capita blanca protegiendo su piel.

Sergio fue el primero en sostenerla tras unos segundos conmigo, aún recuerdo su cara de felicidad y el miedo por tener que coger a su hija tan pequeñita.

Esos momentos no se pueden describir, solo si los vives eres capaz de hacerte una idea de lo que se siente.

Por otro lado, muchas mujeres no estamos preparadas para querer a un hijo de golpe, por mucho que nos digan que llevamos una ventaja de nueve meses frente al padre o nuestra pareja. No somos magas del amor, es normal no sentir un flechazo instantáneo cuando nuestro bebé asoma la cabeza. Algunas mujeres lo sentimos y otras no. Y las que no, disimulan, cuando ese pensamiento nada tiene de malo.

Al abandonar el hospital, lo hice con un vestido ajustado marrón. Me habían dicho que había fotógrafos esperándonos a la salida y yo quería mostrar una maternidad real. Porque, oh, sorpresa, las mujeres no salimos con el vientre plano como si nos hubiéramos quitado el cojín. Yo parecía embarazada de seis meses en la foto que se publicó en los medios y que tengo puesta en la nevera, en la que solo aprecio nuestra cara de felicidad al llevarnos a Luna a casa.

No contenta con el posado, subí a Instagram unas fotos en biquini recién parida para dar visibilidad a la realidad del posparto de las mujeres.

Recuerdo que un día, paseando por la calle con Sergio y Luna a las dos semanas de nacer esta, nos encontramos a Norma Duval, que había formado parte del jurado de mi edición de *Mira quién baila*, en la que, no sé cómo ni de qué manera, estuve a punto de ganar. Yo llevaba un vestido amarillo muy veraniego. Seguía enfundándome en telas elásticas y ajustadas, como en el embarazo, para no tener que salir a renovar el armario. Y es que tengo que confesar que durante los diez meses que duró este (no son nueve, otro engaño) no me compré ropa premamá, a excepción de un par de vaqueros en H&M, así no tendría que deshacerme de prendas que nunca volvería a vestir. Los abrigos o camisetas XL se los tomé prestados a Sergio, sin preguntar. Soy de las que opinan que en la vida es mejor pedir perdón que permiso.

Después de presentarle mi hija a Norma, le pregunté si creía, ella que está siempre estupenda aun habiendo parido a tres hombretones, que mi cuerpo iba a volver a su ser. Se rio con ganas, me dijo que no tenía la menor duda y que, aunque pareciera imposible, volvería a meterme mis vaqueros. Y pese a que me tomé con calma mi recuperación física, poder depilarme yo sola las ingles nada más dar a luz seguía siendo algo inalcanzable. No valoramos lo suficiente lo que es poder tener acceso a nuestro pubis. De hecho, no quiero recordar el suplicio que supuso pedirle a Sergio que se encargara de darme el masaje perineal semanas antes del parto. Ha sido lo más antilujurioso que he vivido en pareja. Y al final ni siquiera valió la pena, me dieron puntos, bien dados, pero puntos al fin y al cabo.

Antes de nacer Luna creíamos que acoplaríamos a la recién llegada a nuestra rutina diaria. Qué ilusos. Hasta el momento en que llegó, los planes en la vida podían fabricarse a minutos vista. Entrábamos y salíamos de casa cuando nos daba la gana sin grandes preparativos: una ducha, la cartera, ganas de pasarlo bien y a funcionar. No importa si se trataba de una cena, una escapada, dos entradas para el cine o un concierto. Era una vida fácil.

Y, de pronto, nos vimos mirando tutoriales de YouTube para aprender a utilizar la silla del coche, plegando carros como quien pliega paraguas y usando más pañales que compresas he utilizado yo en la vida. Los bolsos que colgaba del carro de Luna precisaban que la niña fuera dentro para no volcarlo, había mil «por si acaso» allí metidos aparte de biberones, dosificadores para la leche, un termo con agua caliente (la pediatra nos dijo que la leche podíamos dársela tibia, pero los primerizos buscamos que todo sea ejemplar), toallitas hipoalergénicas para dejar el culo impoluto, pañuelos, trapitos por si devolvía (Luna no vomitó nunca, pero a cambió hasta los tres meses sufrió unos cólicos que hicieron que durmiéramos menos que un niño la noche de Reyes), baberos, muda por si se mojaba, un cambiador…

Si le hubiera dado el pecho a Luna, quizá habría ido más liviana por la calle y me habría ahorrado el engorro de limpiar biberones, hervir tetinas o esperar a que el calientabiberones hiciera su función. No dudo que la lactancia materna sea la mejor alimentación hasta los dos años para un bebé, tal y como recomienda la OMS, pero no siempre es posible entregarse a ella o la opción elegida por la mamá. Por eso no logro entender la insistencia, a golpe de cartelería en las paredes de los hospitales públicos y privados, en sentenciar sobre cuál es el mejor alimento para tu bebé, sin tener en cuenta las circunstancias y haciéndote sentir la peor madre por no dar el pecho.

Yo necesitaba delegar y descansar por la noche porque me daba miedo enfermar, volver a las andadas y no poder atender a mi hija, puesto que no dormir, malcomer y tener las hormonas revueltas después de parir forman un cóctel molotov. «Leches hay muchas, madre solo una». Es cierto que cuando hice el «piel con piel» con Luna, la experiencia más salvaje y bonita que recuerdo, dudé si amamantarla, porque me buscaba con sus labios. Mi ginecóloga, Sofía Alcalá —que es la mejor—, al observar mi indecisión en plena explosión de sentimientos, me dijo: «Adriana, has tomado una decisión, no claudiques».

Creo que cada mujer debería poder elegir qué tipo de alimentación es mejor para ella y para su bebé, sin coacciones. Tengo amigas que están encantadas de poder darles el pecho a sus hijos, sienten una conexión mágica y primaria con ellos, y es un drama cuando tienen que dejar de hacerlo; y otras que lloran por las esquinas por las grietas, el dolor, las ingurgitaciones o la mastitis y se quejan de que su bebé no coge el suficiente peso. Cada madre y cada hijo son un mundo. Y pese a que nos repiten hasta la saciedad que si damos pecho el bebé cogerá defensas y no se pondrá malo, nunca se sabe. Luna no se puso mala ni una sola vez hasta que empezó el colegió y comenzó a traer a casa los virus de sus amiguitos.

No os preocupéis si no podéis hacer el «piel con piel» porque vuestro parto ha sido por cesárea y le toca a vuestra pareja sustituiros (absteneos los más presumidos de depilaros el pecho con cuchilla para no irritar al bebé), ya tendréis tiempo de sentir a vuestro pequeño muchas veces durmiendo en vuestro pecho durante los primeros meses, bien pegadito.

El primer año estad dispuestos a vivir los meses más increíbles de vuestra vida, pero también los más agotadores. Tendréis momentos en los que pondréis vuestra paciencia al límite y sentiréis un cansancio extremo, pero la felicidad será indescriptible. Un año de primeras veces: los primeros minutos con tu bebé, los primeros baños, las primeras sonrisas, los primeros dientes, el primer gateo, los primeros pasos, las primeras palabras, su primer disfraz, la primera Navidad…

Verdad de la buena es que las amistades cambian cuando te conviertes en madre. Bien porque empiezas a quedar —si te queda tiempo— con otras parejas con hijos en lugar de con tus amigos habituales, bien porque dejas de hacerlo con los que también son padres porque sus cachorros zurran a tu hija cuando creen que nadie los mira. En gran medida eliges los amigos dependiendo de si puedes seguirles o no el ritmo. Algunos se descalifican solos y los tachas de la lista porque pisan el freno ante la inmediatez de cualquier encuentro en el que haya babas y sonajeros (cosa que puedo entender porque yo estaba en ese bando). Los más íntimos suelen ser fieles y se adaptan a las nuevas circunstancias.

Ya no caminas a buen ritmo con tu bolso, lo haces empujando un verdadero paso de Semana Santa por las calles más amplias, sin saber muy bien dónde has metido cada cosa o si directamente las has olvidado en casa. Nadie habla de la soledad que sentimos las madres empujando un carro, daría para muchas hojas, pero creedme si os digo que es algo muy común. O de las barreras arquitectónicas que antes ni siquiera veías (con las que desgraciadamente se topan los minusválidos a diario) y que, si no vas acompañada, te obligan a echarle morro y pedir al que mejores brazos tenga que te ayude a coger el carro porque no eres capaz de entrar en la cafetería para tomarte un triste café que te espabile o hacer pis en el minúsculo baño, por supuesto con la puerta abierta para no perder de vista a tu churumbel.

Y, aun así, te haces adicto a ese bebé que crece en cada parpadeo. Pero eso no quita para que el primer mes de vida de mi hija pensara que el divorcio era la única salida a la locura que estaba viviendo. No había discutido tanto con Sergio antes del instante en el que dejas de ser tú tu prioridad y le pasas el testigo a ese bebé que tanto soñaste tener en brazos.

No son pocas las veces que como personaje público me reprocho formar parte de ese nutrido grupo de influencers y famosas que venden falsas expectativas en torno a la maternidad para generar más likes, aunque lo que publican no se corresponda con una visión real de lo que es ser madre. El Día de la Madre es un claro ejemplo de ello: todas nosotras programamos un post o reel apuntando directamente al corazón de los followers y, como si de un tsunami se tratara, las redes comienzan a teñirse de fotos edulcoradas de la maternidad que hacen pensar al resto de las madres que la suya no es tan encantadora, haciéndoles en cierta manera dudar de sí mismas en esta faceta tan animal de la vida. Porque ser madre es maravilloso en muchos momentos, pero no idílico tal y como mostramos. Y la fórmula más coherente quizá sería explicar a las demás madres que hay ocasiones en las que estás desbordada, triste o sin ganas de nada.

La maternidad también significa tener una razón de ser para el resto de la vida, como puede ser la religión para muchas personas. Ser madre supone tener sentimientos encontrados al ver cómo crecen los hijos: por un lado alegría y, por otro, nostalgia cuando los años se escapan veloces. Porque lo hacen, esto es cierto. Y sé que algún día me veré en la situación de tener que preguntarle a Luna si puedo darle un beso en la puerta del colegio, para que no se avergüence delante de sus amigos. Y que los besos y los «te quiero» se espaciarán tanto que los echaré de menos. Pero así es la vida.

Y con toda la ilusión depositada en ser las mejores madres y las más amorosas del mundo, no faltarán los días en los que la culpabilidad haga mella en nosotras, porque somos humanas y, aunque queremos a nuestros hijos con locura, a ratos necesitamos marcar el número de sus abuelos o de la *nanny* y descansar. Es lícito. Habrá otros días en los que nos sentiremos fatal porque hacemos lo que precisamente siempre dijimos que no haríamos, los «yo nunca»: «Yo nunca le pondré los dibujos para comer», «Yo nunca le daré un potito», «Yo nunca le dejaré mi móvil o una tablet», «Yo nunca le daré galletas con azúcar», «Yo nunca perderé la paciencia», «Yo nunca gritaré»…

Hoy escribo en Zaragoza, en Madrid es fiesta, y después de varios meses sin poder venir me he dejado caer por la ciudad del cierzo con Sergio y Luna. Nuestro primer paseo fue hace dos días hasta la plaza del Pilar, donde una mosca negra me recibió con ansia viva y ahora luzco un tobillo del tamaño de mi rodilla. Hemos comido en casa de los padres de Sergio un delicioso asado con patatas, y como les cuesta visitar Madrid, hemos dejado a Luna —que estaba deseando verlos— toda la tarde allí para que ejerzan de abuelos y de esta manera aprovechar para servirme en mi casa zaragozana doble ración de hielo: una para el pie y otra dentro de un zumo de tomate, mientras redacto estas líneas.

Cuando eres madre te esfuerzas en rescatar momentos para ti o para tu pareja, si todavía te dura. Tengo muchos amigos que un día a la semana o al mes reservan habitación en un hotel. Dicen que para sudar, pero yo creo que para dormir. A mí, por ejemplo, ya se me ha olvidado lo que es echarse la siesta, ese ratito después de comer tirada en el sofá con la tele de fondo, da igual el canal, o dentro de la cama. Ya no hay tanto tiempo para entregarse a estos placeres mundanos.

Y con todo lo que os estoy contando, albergo la duda de si repetir o no maternidad, hasta resulto pesada dentro de las paredes de mi casa, por la prisa que genera la edad. Estresa pensar que a partir de los cuarenta años los óvulos son como esas últimas burbujitas, cada vez más espaciadas y con menos presencia, antes de acabarse el jabón. Y yo sigo sin saber qué hacer. No sé si quiero o si no quiero. NO SÉ. No sé descifrarme.

Cuando tuvimos a Luna los dos decidimos que no volveríamos a intentarlo y la verdad es que, hoy por hoy, nos sentimos a gusto y seguros en nuestra bonita familia de tres. Con nuestra pequeña en medio de nosotros, tan cuidada, sin competir por ser la más querida. Me duele pensar que alguna vez pudiera estar triste por tener que compartirnos, me sentiría incluso más apenada que ella. Por otro lado, ya son varias las veces que me ha preguntado por qué somos solo tres, ya que sus tíos acaban de ser papás de una niña llamada Inés, la hermana de su primo Martín, y ve además que Bluey, la pequeña perrita azul de la tele, se pasa el día jugando con su hermana Bingo. Claro, Luna ve que ella no tiene un hermano o una hermana con quien enredar, aunque nosotros estemos todos los minutos que nuestro ritmo de vida nos permite tirados en la alfombra jugando con ella.

No volver a dormir y no morir esta vez tampoco se me antoja fácil. Conforme pasan los años, la energía se precipita en sentido contrario, al menos en mi caso. Puedo entregarme en el trabajo, pero al llegar a casa necesito descansar. Y si vuelvo a ser madre quiero serlo como ahora, estando. Y a veces me siento desbordada hasta con una niña buena.

Por otro lado, ignoro si seríamos capaces de superar otra crisis de pareja sin quedarnos a medio camino. Porque ser padres es una tarea exigente, que requiere mucha paciencia. Estás agotada, estresada, quieres desaparecer de casa cada vez que alcanzas tu límite, lo cual ocurre muchas veces a lo largo de los primeros años de vida del bebé. Quizá os resulten familiares las disputas por quién hace más de los dos. Mientras uno se jacta de ser el que mejor optimiza el espacio del lavavajillas (Sergio en nuestro caso), el otro (yo) hace una lista infinita de aquello en lo que le saca ventaja al compañero. A ver quién de los dos pringa más.

Sin embargo, supongamos que dejo pasar el tiempo y me arrepiento de no haber sido madre de nuevo, cuando no haya vuelta atrás, sabiendo que al cabo de los años Luna podría sentirse sola, siendo nosotros mayores. Es algo que no me quita el sueño, pero me ronda instintivamente cada día, aunque de cara a la galería asegure entre risas que no deseo repetir y que Luna será «la heredera».

Por Sergio, nos quedaríamos como estamos. No quería ser papá antes de Luna, aunque ahora ya no pueda vivir sin ella, sin sus abrazos o juegos de machaque (le enseñó una especie de *vale tudo* para defenderse de los niños brutos, y si bien Luna nunca ha exhibido en el patio del colegio su maestría, tendríais que ver a estos dos en casa muriéndose de la risa cuando practican).

A mi marido le gusta la buena vida y piensa en todo lo pragmático: que no hay abuelos cerca, que ya viajamos con Luna como si fuera una más, que es muy buena y otro podría no serlo tanto, que un solo hijo es más económico y requiere menos espacio, que a la edad que tiene ahora Luna comenzamos a rehacer nuestra vida y que empezar de nuevo sería renunciar a todo por segunda vez, que dos niños no es el doble de difícil, sino una locura, que Luna goza de salud pero los embarazos son inciertos, y un largo etcétera al que no puedo negarle la razón. También pesa el hecho de que tendríamos que dividirnos para llevar a cabo cada movimiento, y en cambio ahora podemos ir los tres juntos a todos los sitios. Es lo que me hace recapacitar.

Por otro lado, chicos, sé la presión que supone obligaros a acostaros con nosotras, como si lo hicierais dentro de una probeta, los días fértiles de cada mes. Pensáis más en lo que se os viene encima que en la que tenéis encima, conscientes de que elegimos nuestra lencería más coqueta los días en los que estamos ovulando y vestimos nuestras bragas más cedidas el resto de las semanas porque son días que no interesan. Y ya no os digo nada si nos ponemos, las que tenemos ciclos regulares, a analizar qué días hay más probabilidades de que sea niña o niño, dependiendo de la velocidad y supervivencia de los espermatozoides femeninos o masculinos.

Es horroroso, lo sé. Tengo un amigo que no volvía a casa a comer al mediodía después de trabajar para evitarse el suplicio de follar con el único aliciente de procrear. El pobre cada día se inventaba una excusa. Al final no pudo seguir dándole esquinazo a su pareja y ya es padre de dos.

Y conste que yo abogo por la lealtad y el juego limpio. No me vale eso de que «en la pareja es la mujer quien decide». No quiero reproches el día de mañana o que Sergio me suelte de vez en cuando «Hazlo tú, que tú fuiste la que quiso repetir» y me toque apechugar más que él en la división de tareas. No, no, no. Ni de broma.

Además, soy consciente de que la sociedad nos manipula para hacernos pensar que un solo hijo no es suficiente. Que las madres que únicamente tenemos un hijo somos bichos raros. Pero es que renunciar a nuestras vidas y a nuestros sueños no es moco de pavo, y cada vez que damos a luz nos vemos forzadas a dejarlo todo a un lado.

No es fácil desoír esas voces que te hacen sentir mal por dejar a tu hijo solo en este mundo, preguntándote una y otra vez que para cuándo el segundo, y si tienes un segundo, el tercero, y así sucesivamente. Deberían dejarnos en paz. Porque detrás de un matrimonio, pareja o individuo sin hijos puede haber muchos motivos que justifiquen el hecho de no ser padres: el no querer serlo, o no poder, que no les gusten los niños, los abortos de repetición, un tratamiento médico, problemas de salud, dificultades económicas, un trabajo exigente, falta de conciliación, ganas de vivir sin responsabilidades, o de viajar, el exceso de población o cuestiones de cualquier índole que nadie tiene por qué airear si no quiere.

A mi alrededor no paro de ver parejas que se van a la mierda por culpa de los hijos, porque olvidan cómo eran ellos antes de tener a sus vástagos y se sienten a kilómetros de distancia en un matrimonio que ya no les importa, evitan a la persona a la que un día quisieron con locura y se inventan actividades al margen de ella. No quiero que me pase eso a mí, aunque a veces no es necesario que haya hijos de por medio para que suceda. Pienso en ello. El otro día estaba con un amigo muy sincero y me dijo que si quería que durase mi matrimonio, que no me reprodujera más.

Una vez en casa me puse a pensar en lo que me había

dicho. «Adriana, con una niña puedes moverte y organizarte, te cambia la vida pero te repones, sin embargo, con dos ya es más difícil, y no te digo con tres como tengo yo, que mi mujer me engañó —confesó entre risas—. Te ahorrarás discusiones, tensiones y malos rollos».

Las dinámicas del hogar cambian con la llegada de los hijos, esto es verdad verdadera. Hay que poner mucho de nuestra parte para no acabar como el rosario de la aurora. Cuando el recién nacido entra por la puerta, las rutinas de cada miembro de la pareja se descuadran, las cosas que antes hacía uno ahora las tiene que ejecutar el otro por narices. Si la madre está tumbada dando el pecho al bebé o intentando dormirlo, el padre o la pareja tendrá que encargarse de hacer cosas menos importantes pero igualmente necesarias: la compra, bajar la basura, limpiar las pelusas que al cabo de unos días ruedan como en el lejano oeste, llenar los armarios de comida y ocuparse de la criatura para que la madre pueda darse una ducha rápida, algo básico que supone un reto cuando el bebé es tan pequeño, no hay nadie más en casa y tienes que meter la hamaca frente a la mampara de la ducha para que te vea.

Y podrías hacer frente a todo si no fuera porque los bebés no distinguen entre el día y la noche, y cuando por fin te tumbas sobre el colchón como si el cuerpo te pesara el doble, dispuesta a recargar las pilas y alcanzar un sueño profundo, oyes llorar a un niño que es el tuyo y tienes que correr a desabrocharte el camisón o levantarte para calentar el biberón en un aparato que tarda una década en darte la leche a la temperatura perfecta, para luego seguir durmiendo a intervalos.

Yo reconozco que para no ir arrastrándome por las aceras como una babosa me turnaba con Sergio las noches, una cada uno. Aunque a veces la desesperación de algún llanto me hacía ponerme en pie y acudir derecha como una vela a coger en brazos a mi pequeña. También le pedía desesperadamente a mi madre que viniera a casa cada cierto tiempo, porque las guardias alternas no eran suficientes para tenernos a los dos espabilados durante el día. Además, los cólicos de Luna no ayudaban. Lo intentamos todo: masajes, infusiones, ejercicios, posturas y demás, pero nada funcionó hasta que, con tres meses, de repente sus intestinos maduraron, como los del resto de los niños que sufren el idéntico martirio.

Hay un silencio sepulcral en torno a la primera vez después de haber sido capaz de sacar a una persona por un canal que aún no entiendo cómo consigue ensancharse tanto. La cuarentena es un periodo en el que sangramos unas más que otras. Yo respeté los cuarenta días de espera que recomendaban en los tiempos de Maricastaña, en lugar de las dos o tres semanas que establece el protocolo ahora para no torpedear la cicatrización si te han dado puntos. Os prometo que fue como volver a perder la virginidad, me daba miedo romperme en pedazos y que saltaran uno a uno los puntos de sutura como cuando deshaces el dobladillo de un pantalón. Luego nada de esto sucede, pero es un alivio saber que puedes volver a tener sexo después de todo.

Me pongo seria para admitir que, en mi caso, ser madre me ha hecho mejor persona: soy más sensible y más empática, y he dejado de querer ser la primera de mi lista, cosa que no es mala, pero trae consigo cambios. Ahora no puedo evitar llorar con el telediario cuando veo a los niños en mitad de las guerras o sufrir abusos, torturas u otras desgracias que nadie está a salvo de vivir; pienso que Luna podría ser cualquiera de ellos, imagino cómo diablos sobreviviría a eso y se me parte el corazón en dos. Entonces me machaco por haberla traído a un mundo de mierda, en el que nunca sabes quién puede ser el que esté tratando de escapar de una situación así. Y me imagino el momento en el que yo ya no esté y no pueda ser su apoyo incondicional. Quiero tener tiempo para poder prepararla a fondo no solo para los premios y las alegrías, también para el fracaso, los errores, las equivocaciones, la tristeza o los tropiezos. Si tengo un mal día no temo llorar delante de ella, no quiero que considere que llorar es algo vergonzoso, quiero que pueda permitirse hacerlo sin sentimiento de culpa.

Por otro lado, convertirme en mamá me ha generado miedos irracionales que antes no tenía, y no me refiero a los de mi infancia (desagües, navajas, serpientes o jeringuillas en los parques), sino a otros con los que a veces nutro mis pesadillas de noche: que mi hija se pierde en un centro comercial, que se cae en un agua oscura donde no puedo localizarla y se ahoga, que desaparece, que se atraganta y no soy capaz de hacerla volver en sí... Miedos terribles que antes no existían porque tampoco existía ella. Perder a un hijo considero que es lo peor que le puede pasar a cualquier madre o padre. No hay una palabra que pueda definir tal dolor, y tan solo de imaginarlo se me pone la piel de gallina. Pienso en mi bisabuela Carmen.

Y hablando de miedos, creo que la comunicación con los hijos es básica para ayudarles a gestionar sus emociones o detectar el temido *bullying* que tanto vértigo nos da a los padres. Yo no soy psicóloga, ni psiquiatra, ni *coach*, solamente una mamá más, pero creo que hablar con ellos desde pequeñitos es primordial.

El primer año de cole de Luna, cuando cumplió tres años, fue especialmente duro para mí. Muchos y muchas diréis: «Pues imagínate yo, con el mío en la guarde desde los seis meses». Es cierto que este es el caso de mucha gente, pero nosotros tuvimos la suerte de poder hacernos cargo de Luna desde que nació, cosa que es una quimera en muchas familias, que se ven obligadas a dejar a los bebés al cuidado de otros desde muy chiquitines para poder llegar a todo. Para más inri, Luna fue «niña pandemia»; ello nos permitió disfrutarla más si cabe, pero por otro lado le hizo sufrir el aislamiento que afectó a tantos niños, cosa que me traía por la calle de la amargura por mucho que los expertos aseguren en sus artículos que hasta los tres años los pequeños solo necesitan estar con sus padres, puesto que ven el mundo exclusivamente a través de sus propias necesidades y deseos, y que es a partir de los tres años cuando realmente empiezan a sentir curiosidad por otros niños. Aunque así sea, me veía pidiéndole con tristeza a una niña de dos años que no tocara nada, que no se acercara a nada o que no jugara con nada, como si el mundo fuera a consistir en eso toda la vida. Cuando cerraron Madrid, la noticia nos sorprendió visitando a mis padres en San Vicente de la Barquera, en Cantabria. Tuve que comprar un montón de cosas en Amazon que nos permitieran estirar la estancia, cuando no lo habíamos previsto. Imaginaos a mis padres, a Sergio y a Luna durante un par de meses en la misma casa, casi acabamos a tiros, porque la incertidumbre y el miedo ante lo desconocido pudo con todos. Me costó reconciliarme con esa casa y todo lo que recordaba que habíamos vivido allí.

Al matricular a Luna en su cole, supusimos que la adaptación iba a ser complicada. Nunca se me olvidará el primer día de clase. Íbamos de la mano, cantando por la calle, hasta que Luna me preguntó: «Mamá, ¿puedo tocar a los niños?». En ese momento casi se me saltaron las lágrimas, no estaba preparada para dejarla allí sola, cuando solo nos habíamos separado en dos o tres ocasiones, y habían sido mis padres los que se habían quedado con ella.

Fue mucho peor cuando salió del cole y vi que no te informaban de cómo había ido todo, pues la mayoría de las escuelas consideran que no es necesario hacerlo ya. Y no es baladí para los papás saber si su retoño ha hecho pipí o caca, ha comido o ha llorado al marcharnos. La información nos proporciona calma y evita la sensación de que abandonamos a nuestros cachorros a su suerte en un sitio en el que no los conocen más allá del nombre o las alergias que figuran en el cartel que les cuelgan del cuello hasta que se familiarizan con ellos.

Luego está el tema de la edad. En primero de infantil es imprescindible que le hayan dicho adiós al pañal (y al chupete, también para dormir), una norma que mete en el mismo saco al niño que ha nacido en Año Nuevo y el que lo ha hecho en Nochevieja, un año después. Y un mes a esas edades supone una gran diferencia en cuanto a desarrollo, y no es respetar los ritmos de los pequeños pedir que vayan sin pañal, porque los niños evolucionan cada uno de una manera, y los padres tendemos a comparar a nuestros hijos con otros y a frustrarnos si vemos que no avanzan igual. Por ejemplo, Luna gateó mucho tiempo y tardó en andar, en cambio comenzó a hablar enseguida. No nos agobiemos.

El primer día de cole fue horroroso. Luna salió con una moradura en la barbilla y dos mordiscos en la tripa en los que se podía adivinar el nombre de cada diente.

Me cabreé muchísimo, de hecho, creo que ha sido de las pocas veces que me he desahogado en las redes como si no hubiera un mañana y mi hija no tuviera que regresar al cole al día siguiente. Pensé incluso en sacarla y no escolarizarla hasta los seis. Dos días después vino con más golpes. Me hervía la sangre, seguro que sabéis de lo que os hablo.

Pasado el calentón inicial —en el que nos vimos obligados a ponernos en contacto con el colegio—, y con la sensación de indefensión de ver que nuestra hija, dócil, a la que le costaba relacionarse porque no había tenido oportunidad de hacerlo, no se defendía (en casa la violencia no se utiliza, ni la física ni la verbal), intentamos adaptarnos a las circunstancias para que ella no viviera aquella etapa como algo negativo. Pero a mí se me caía el alma a los pies cuando salía y le preguntaba cómo había ido el cole, si había sido un día bonito, y ella me decía con la cabeza apuntando hacia el suelo que no quería hablar y se echaba a llorar.

Y qué queréis que os diga, en un primer momento le explicamos a nuestra hija que si le pegaban se lo contara a su profe, pero cuando vi que la historia se repetía cambié la táctica y le dije que ella nunca pegara la primera, pero que si le daban una patada que la devolviera, porque nadie tenía derecho a pegarle. Nadie. Y aunque creo que no me hizo caso, porque tiene más talento que nadie, Sergio le enseñó a jugar al machaque, un arte marcial inventado en nuestra casa para hacerla sentir mucho más segura, a sabiendas de que no lo iba a emplear jamás. Lo utiliza en casa contra su padre cuando quiere que juegue y se hace el dormido, y yo me río a distancia para no salir malparada.

También fue de vital importancia para ella saber que, si nos contaba lo ocurrido, los papás tratarían de solucionarlo en lugar de dejarlo estar.

Desde que Luna empezó a ir al colegio practicamos una cosa muy sencilla (y no me refiero al machaque): le pregunto qué es lo que más le ha gustado del día y lo que menos. Se trata de un juego, pero es la semilla de lo que quiero que ocurra mientras me necesite. Ella me cuenta sus cosas, y yo nunca les resto valor, porque para ella es verdaderamente importante que le hayan quitado un juguete o haber recibido un abrazo de un amigo. Me lo cuenta con pasión. Busca mi consuelo para lo malo, y mi entusiasmo al explicarme cuál es su momento favorito del día. Ella también me lo pregunta a mí. Y cuando le digo que lo más chulo que me ha pasado es ir a recogerla, tendríais que ver cómo se le ilumina la cara.

Da vértigo pensar que estamos construyendo los cimientos de lo que serán nuestros hijos el día de mañana. Sus cerebros recogen la información que les proporcionamos, la desmenuzan, la interpretan y le dan un significado. Pero debemos llevar cuidado, porque con la idea de que sean personas potencialmente brillantes, los cargamos de actividades que los hiperestimulan: tenis, natación, fútbol, ballet, lectura, escritura, inglés, dibujo, piano... No les cunde a los pobres. Y asumir determinadas competencias a una edad en la que jugar es importante tiene como contrapartida que el niño sea menos feliz y esté más estresado. Porque por mucho empeño que pongamos, no vamos a conseguir la excelencia de nuestro hijo por criarlo de manera excesivamente exigente.

Con el paso del tiempo me he dado cuenta de que la mejor extraescolar es el juego. Jugar es esencial. Que nuestro hijo esté tirado en la alfombra en su mundo imaginario no es una pérdida de tiempo. Aunque no lo veamos útil, es clave para su desarrollo. Interrumpir sus juegos para que hagan cosas que los mayores consideramos más valiosas o provechosas es un error. El juego es educativo y los niños disfrutan, y DISFRUTAR es clave para aprender. En nuestros cajones de juegos no faltan el juego de la oca, el parchís, juguetes de imitación que recrean nuestro mundo (un botiquín de veterinaria, una pizarra de maestra, herramientas de mecánico, una cocinita como la de los papás...), pinturas, bebés, pelotas, coches de carreras, el Lego de toda la vida y mucha imaginación. Los juegos estimulan las ganas de los niños, y cuanta más variedad mejor, aunque si son demasiados hacen perder la ilusión.

Cuando hago publicidad para marcas de juguetes trato de no entregarle todos los juguetes a la vez para no quemar emociones; quiero que al caer los juguetes en sus manos despierten su interés. Tampoco me apetece que Luna lo tenga todo, necesito que sienta el deseo de conseguir algo que le resulta especial, por portarse bien o porque pronto será su cumpleaños o Navidad.

Escoger con amor los juguetes es esencial, también que sean seguros. Su patinete y su bici naranja (su anterior color favorito) no sé si lo serán, pero le permiten moverse y perseguir a sus amigos en lugar de estar viendo programas de Disney Channel todo el rato en la tele.

Ahora que observo mi infancia desde la lejanía, colocando la mano en la frente a modo de visera para distinguirla, me doy cuenta de que tengo un poco clavada la pena de no haberla vivido de otra manera. No culpo a mis padres, que como muchos otros lo único que buscaban era facilitarme las cosas para que fuera más competitiva y tuviera más opciones en el futuro.

Más de uno os sentiréis identificados con la angustia del día que debíais entregar las notas en casa. Recuerdo las broncas de mi padre cuando llegaba con algún suspenso, y eso que yo era de notables y sobresalientes, pero había asignaturas que se me atragantaban, como las matemáticas. Incluso llegué a falsificar su firma en alguna ocasión para no pasar por el vía crucis de darle la mala noticia antes de llevarlas de vuelta a clase. Memorables eran también sus subidas de tensión por mi culpa durante nuestras vacaciones de verano en Salou, cuando después de comer se sentaba conmigo en el salón a hacer los deberes, con la televisión emitiendo *El coche fantástico*. Escuchaba de fondo hablar a KITT (el buga futurista de hace cuarenta años) mientras me esforzaba en solucionar problemas del cuaderno Rubio y la paciencia de mi padre se agotaba porque yo no era capaz de aplicar la lógica y pensar, y además él no podía echarse la siesta.

Aquellos momentos eran un mojón y deseaba quemar el cuaderno Rubio (y que pasara a llamarse Moreno), que llegaran la salida de la tarde, la horchata en el paseo marítimo y las buenas caras. Por todo ello quiero intentar con todas mis fuerzas ayudar a mi hija en lo que pueda valorando su empeño, aunque el resultado no sea el óptimo. Porque el mero hecho de luchar por algo ya es de aplaudir.

Si lo pensamos, repararemos en que es un lujo tener hoy en día más herramientas para saber cómo educar a nuestros hijos. No nos agarramos, salvo excepciones, a los «porque lo digo yo y punto» de otras épocas pasadas.

También nos esforzamos por no continuar perpetuando roles de género. No hace mucho frases del estilo de «corres como una chica» se decían con intención despectiva, sin embargo, actualmente ninguna niña se sentiría ofendida ni lo interpretaría en clave negativa porque en España (y en el mundo entero) tenemos grandes deportistas femeninas de élite, en diferentes disciplinas, que es un orgullo verlas en lo más alto.

Muchas de aquí hemos convivido durante años con comentarios y pensamientos sexistas intolerables: los hombres no lloran, las niñas de rosa y los niños de azul, las niñas con pendientes (Luna no lleva, si quiere perforarse que lo haga cuando pueda decidirlo con consciencia plena), calladita estás más guapa, mujer tenías que ser, las niñas muñecas y los niños coches y balones, ni se te ocurra dejar que tu hijo juegue con muñecas porque eso es de maricas, ¿te ayuda tu marido en casa?, las mujeres conducen peor, a las mujeres les gustan los malotes, con quién se habrá acostado para estar ahí...

Parecen parte del pasado, pero en nuestras conversaciones se cuelan comentarios que, por ser injustos, sería mejor no verbalizar: «Las canas en la mujer son de abandonada, pero al hombre lo hacen interesante», «Qué marrana, va sin depilar», «Mira qué celulitis», «Estás insoportable... ¿No tendrás la regla?»...

Y a mí, como mujer y madre, me da mucho coraje que mi hija crezca y no hayamos conseguido erradicar una forma de pensar a la que incluso nos hemos acostumbrado, dándola por válida durante años y años. Sin embargo, hay otras conductas que no me parece que sean reprochables: un piropo bonito, la cortesía de abrirte la puerta (indiferentemente del sexo), que te cedan el sitio si estás embarazada, vas con muletas o eres una persona mayor, sostener las sillas para que te sientes. No creo que fomente el machismo dirigir estas prácticas hacia una mujer, forman parte de algo que se llama «educación». A mí me resultaría extraño que alguien, hombre o mujer, me cerrara la puerta del portal en la cara.

No considero que el feminismo pase por eliminar de nuestra vida la cortesía y el respeto.

Si hacemos una radiografía de la maternidad, nos daremos cuenta de que madres hay muchas: jóvenes, mayores, solteras, casadas, adoptivas, de familia numerosa, con un solo hijo, con una discapacidad física, sanas... La madre perfecta no existe, sea como sea, pero todas nosotras somos capaces de amar y velar por la felicidad de nuestros hijos.

No nos olvidemos de cuidarnos a nosotras mismas para poder hacerlo de nuestros hijos con la mayor dedicación y durante el mayor tiempo posible.

QUE VIENE EL COCO

Creo que en parte soy una persona miedosa por aquellas historias que nos contaban de pequeños para que no nos alejáramos de nuestros padres, no habláramos con extraños o mantuviéramos nuestra curiosidad a raya.

Quién no ha oído hablar del hombre del saco, un hombre que vagaba por las calles al anochecer y robaba niños. Cerrad los ojos y recordad esta nana que pone los pelos de punta, que resulta tierna en boca de mamá, pero espeluznante si atiendes a su significado: «Duérmete, niño, duérmete ya, que viene el coco y te comerá». Nos la cantaban para amedrentarnos cuando nos costaba cerrar los ojos y dormir. Hay una estampa en el Museo del Prado en la que Goya aborda el contraproducente sistema de educar mediante la amenaza de seres monstruosos y fantasmas que no existen. Si nos dormíamos era por el terror que nos causaba que viniera a vernos ese tal coco del que no conocíamos ni siquiera las facciones, lo cual aún daba más miedo.

Todos estos artificios que utilizaban nuestros padres para que ejecutáramos las cosas tal y como deseaban ellos eran un error.

Recuerdo especialmente a Juanita Dientes Verdes, un hada fea y vieja que vivía en las profundidades de las aguas estancadas y pantanosas, junto con otras de su especie. Todas ellas aparecían maravillosamente dibujadas en un precioso libro de Brian Froud y Alan Lee titulado *Hadas*, que hace unos años pude volver a adquirir en una librería después de mucho buscar. Debajo de las plantas acuáticas, os juro que creía ver los ojos vidriosos de Juanita y sus huesudos dedos buscando atraparme para llevarme al fondo con ella, como me aseguraban que había hecho con otros niños.

En Zaragoza, sin ir más lejos, hay un gigante baturro llamado Tragachicos, un «devoraniños» que se zampa a las almas inocentes que se introducen en su boca y se deslizan por su enorme tobogán interior hasta salir por su culo, después de una rápida digestión. Una poesía hecha atracción por la que hemos arrastrado nuestros pantalones muchos de nosotros.

Al convertirme en mamá tomé la firme decisión de no continuar con la tradición familiar del «¡Buh!». Meter miedo a nuestros hijos tiene consecuencias negativas. A Luna necesité explicarle cuando todavía era muy pequeñita que no existían ni los fantasmas con sábanas en la cabeza, ni los monstruos, ni las brujas. Pero eso implica delimitar el difuso reino de la imaginación. Y al igual que considero que es una obligación mantener la ilusión de los niños por los Reyes Magos, Papá Noel o el Ratoncito Pérez, creo que también hay que proteger la fantasía que les hace viajar a mundos que no aparecen en los mapas y que les permite volar lejos de la lógica que invade el mundo de los mayores.

Alguna vez Luna me pregunta si existen las hadas de los cuentos infantiles o las sirenas del mar, esas mujeres con cola de pez. Y no tengo el valor de decirle que no, porque, a su edad, pensar que en algún bosque cántabro podemos ver alguna de ellas, aunque son propensas a esconderse, hace que se le ilumine la cara. Tampoco estoy dispuesta a negarle la posibilidad de, cuando estamos cerca del mar, imaginar juntas a lo lejos lo que algún pescador dice haber visto cuando el sol se pone. Con todo, las películas infantiles, los dibujos y los cuentos alientan fantasías que generan miedo en nuestros hijos, aunque ellos se hagan los valientes burlándose de tales historias.

La oscuridad es algo que a todos nos asusta cuando todavía no alcanzamos las cosas de los armarios, ni siquiera de puntillas. Hay noches en las que, al abrir los ojos, Luna nos pregunta desde su habitación «si estamos», e irremediablemente viajo hasta las sábanas de mi infancia, cuando me aterraba la idea de que mis padres me pudieran dejar sola en casa mientras dormía, cosa que, salvo que me equivoque, no hicieron mientras fui pequeña. A los dieciséis, en cambio, cruzaba los dedos para que se marcharan de viaje y así poder subir a Sergio, con el que no solo compartía la oscuridad de mi habitación, sino también pizzas y películas hasta las tantas.

A los niños también les inquietan los ruidos. Cuando hay tormenta, Luna nos busca y se abraza a mis piernas, y yo le hago ver que los truenos y relámpagos no tienen nada de malo, que son los fuegos artificiales de la naturaleza. Y entonces aparece esa risa nerviosa que dice sí pero no, hasta que el cielo deja de tronar.

Y a veces no podemos evitar contagiarles nuestros propios miedos, porque ni siquiera lo hacemos de forma consciente. Y nuestros miedos —la mayoría de ellos infundados— condicionan el crecimiento de los niños, pues heredan lo que nosotros tememos.

Recuerdo un sueño en el que perdía de vista a Luna en un centro comercial. Sergio y yo jugamos muchas veces al escondite con ella en la calle, de la mano de papá o mamá, pegándonos sustos unos a otros ocultos detrás de farolas o al doblar las esquinas. Eso es algo que me fascina, el superpoder que tienen los niños: se tapan los ojos con las manos y ya son invisibles. «Solo me puedes ver si yo te puedo ver». Bendita inocencia. Y, pese a que Luna sabe que dentro de las tiendas —cuyos pasillos a veces están llenos de puntos ciegos— no le dejamos continuar el juego, no son pocas las veces que distingo su cara reírse dentro de los burros de ropa para que no demos con ella. Bien, pues esa noche me desperté envuelta en sudores. Por la mañana, desayunando, le conté a

Sergio mi terrible sueño. Y Luna me escuchó, cuando parecía que estaba enfrascada en su mundo imaginario en el salón.

Días después, Luna tuvo la misma pesadilla. Y eso me hizo recapacitar acerca de cómo debo enfrentarme a mis miedos si está ella cerca, para no lastrar las experiencias que tendrá la oportunidad de vivir a lo largo de los años.

Creo que es normal temer que a nuestros hijos les pase algo. Como madre no puedo dejar de advertirle a Luna: «Cuidado con las escaleras de casa, no bajes en calcetines, te puedes caer», «No corras cuesta abajo, no vaya a ser que te tropieces», «Mastica bien, o podrías atragantarte»...

Sé que los entendidos en la materia dirán que no se debe hacer esto para no condicionar a los niños, para que confíen en ellos mismos y descubran el mundo por sus medios, pero ¿no es mejor prevenir que curar? En aquellos casos en los que las consecuencias serían leves, de acuerdo, pero es nuestra obligación evitar un mal mayor si está en nuestra mano remediar los percances que pueden derivarse de los actos de nuestros hijos. Es un desatino dejar que nuestro hijo de dos años juegue con unas tijeras para que aprenda que puede terminar clavándoselas, que juegue con fuego, que salga en invierno sin abrigo por mucho que se empeñe o que se ponga a bailar en la bañera.

Odio esos métodos absurdos que te dicen cómo ser

madre, que te animan a dejar llorar a tu bebé y a no cogerlo en brazos para no «malacostumbrarlo», cuando lo que tenemos que hacer es obedecer a nuestros instintos más primarios y dar amor a esos pequeños cuya única manera de expresarse es derramando lágrimas. Qué frustración deben de sentir los pequeños al no poder formular con palabras lo que sienten o necesitan. Es ridículo que nos aconsejen que los ignoremos o que no tengamos todo el día a los bebés en brazos porque se hacen dependientes.

Otra frase que trato de evitar que le digan a mi hija es esa tan manida de «No llores, que ya eres mayor». ¿De verdad hay una edad límite para llorar?

Cuando Luna se cae corro a abrazarla, aunque no sea grave. Soy consciente de que a veces la sobreprotejo, es hija única y peco de ello. Los expertos afirman que sobreproteger a los niños es desprotegerlos y un ataque a su capacidad de aprender, y por eso a veces intento que realice actividades en las que no dependa tanto de mí, porque habrá un día en el que ya no esté, aunque ella todavía no lo sepa y se agarre fuerte a mi cuello diciéndome que siempre estaremos juntas, con una certeza y una felicidad que me desarman.

Es complicado encontrar el equilibrio entre la sobreprotección y la ausencia de los padres. Y si bien yo he asumido que bajar a los sótanos de la vida y sentir las emociones negativas no es malo, me resisto a dejar que Luna baje allí más de la cuenta si lo puedo evitar. Y aun así, bajar esas escaleras de vez en cuando será irremediable. Pero qué queréis que os diga, tampoco creo que Luna me vaya a echar en cara el día de mañana que le previne de algo terrible que sabía que podía suceder. Lo contrario es estúpido. La teoría está genial, pero la práctica es otra.

Es responsabilidad de los padres frenar las consecuencias de algo que puede acabar mal. Es legítimo desear que nuestros hijos no sufran y una obligación evitar los daños si sabemos que pueden ser nefastos.

Mi hija es feliz, tímida los primeros minutos de conversación, y precavida. Y ser precavido no es malo, ella es así. Siempre le digo que si algo no lo ve claro, que no lo haga. Hay un tobogán acuático en el hotel de Sancti Petri al que acudimos en verano que a Luna le llama mucho la atención: le gusta pero le asusta. El otro día le dije que en junio íbamos a volver a ese complejo de color naranja que tanto nombra durante los meses de más frío porque está lleno de jardines tropicales, ranas y piscinas. El año pasado no se decidió a tirarse por la atracción de color blanco de la zona infantil, y en el viaje de vuelta lamentó no haberlo hecho. Así que le pregunté si en esta ocasión iba a atreverse, pero leí en sus excusas que todavía le da miedo tragar agua. Tiene derecho a no hacerlo hasta que esté preparada. No quiero forzarla.

Tampoco la obligo a dar besos; yo odiaba tener que dárselos a quien no me apetecía, como esa tía lejana con pelos en la barbilla a la que no iba a ver más. En mi casa, los besos se dan cuando se desean. Los besos o el amor no se empujan. Los niños pueden resultar antipáticos por no querer dar un beso a los abuelos o a unos amigos de sus padres que se interesan por ellos, pero a mí personalmente me gusta que Luna escoja cuándo o a quién dar esos besos. Para nosotros, los besos son una norma social, la forma de saludarnos o despedirnos, pero para los niños son una muestra de amor. Su decisión puede deberse a la timidez, a que no están de humor o, simplemente, a que no quieren hacerlo. Y si veo que Luna no quiere besar la mejilla de alguien que a mí me importa, le digo que le choque la mano, y eso lo hace encantada. Ella es dueña de elegir si besa o no besa.

Mi padre y mi madre dicen que yo de pequeña era un cardo borriquero porque apenas daba muestras de cariño a mi familia (esta cuestión habría que analizarla un poco más e incluso daría para otro libro), sin embargo, hoy en día me considero una madre realmente cariñosa, que despierta a su hija con una guerra de besos, y una mujer a la que no le cuesta expresar sus emociones o dar abrazos, si de verdad me nacen de dentro.

Cuántos padres de los de antes se han reprimido un «te quiero» o un «lo siento» para no mostrar debilidad. Y por miedo.

Dicen que ahora los niños están consentidos, y no creo que esto sea verdad. El otro día escuchaba a un pediatra hablar de ello. Los niños de ahora son los menos consentidos de la historia de la humanidad. Tienen más juguetes a su disposición —muchos de los cuales antes ni existían—, en parte también debido a que nuestro nivel adquisitivo es mayor, pero lo que de verdad quieren no lo tienen: estar con sus padres, que los consolemos cuando lloran, que los cojamos en brazos.

Los niños nunca habían pasado tantas horas separados de sus padres desde tan pequeños, desde los seis meses o antes, esto es algo completamente nuevo, que ocurre desde hace cuarenta años. Y no se compensa comprándoles muchas pelotas ni regalándoles coches de carreras o juegos para la consola.

ENVEJECER

Pa' decirte la verdad
Que no me he olvida'o de ti
Yo sé que fue una noche na' má'
Que no se vuelve a repetir.

BAD BUNNY,
«Where she goes»

Cuando hablaba de mis miedos, no le he dedicado el suficiente texto a algo que todos tememos: envejecer.

«Envejecer» es una palabra sucia ligada al deterioro de nuestra imagen. No es fácil envejecer con dignidad hoy en día. La vejez ya no es sinónimo de sabiduría, de riqueza por la suma de experiencias a tus espaldas o de respeto, como lo era antiguamente.

La cultura del culto a la juventud discrimina a las personas mayores, ser viejo es una maldición. A medida que cumplimos años llega un momento en el que decidimos mentir porque nos parece que empezamos a quedarnos atrás. La semana pasada nos tocó a Sergio, a

Luna y a mí renovar el DNI, y cuando el policía me pidió contrastar los datos del mío en su ordenador para ver si estaban bien, me permití la licencia —porque fue encantador y hasta le tomó las huellas al cocodrilo que llevaba mi hija en brazos— de preguntarle si podía quitarme unos años. Después de regalarme una simpática sonrisa, me instó a que me lo pensara dos veces antes de modificar la fecha de nacimiento del DNI y retrasar la edad de jubilación.

Actualmente, ser joven, o que crean que lo eres, te permite acumular más polvos en Tinder y Grinder o encontrar mejores trabajos. La juventud es un valor, lo ha sido siempre. Que el tiempo nos la robe es una faena en la época tan superficial que nos ha tocado vivir, en la que solo nos quedamos con la cáscara de las experiencias, de las noticias, de las personas. Veneramos la juventud. Tengo una amiga que ha soplado varios años seguidos treinta y nueve velas, y yo estoy a punto de seguir sus pasos.

Para mí, TikTok, en sus inicios, fue lo que definitivamente me ayudó a darme cuenta de que me hago mayor, porque me sentía muy lejos de toda la mierda que consumimos allí a cucharadas durante la pandemia: bailes virales que no revolucionarían jamás el mundo de la danza, bromas absurdas que solo a mi padre le hacían gracia porque es de risa floja, transiciones de aspirantes a estilistas y «perreos» adolescentes reclamando a gritos atención. Fue un trago tan amargo consumir todos aquellos vídeos que anunciaban el Apocalipsis que ahora me cuesta creer que TikTok haya cambiado y que, como personaje público que soy, deba quererlo ahora que las marcas lo reclaman.

También espero y deseo que, dentro de unos años, las letras de las canciones estén más depuradas y no hablen solo de ponerte a cuatro patas. ¿Por qué hay un sistema de clasificación por edades en el cine y no en la música? Ya no se me ocurren más explicaciones al sentido de sus pedagógicas letras cuando llevo a Luna al colegio en el coche y el reguetón salta de emisora en emisora reduciéndonos en todas las canciones a seres primarios a quienes lo único que les interesa en el universo es el sexo. ¿Me hago vieja por pensar que la música de antes era mejor? Ahora, pocas canciones soportan el paso del tiempo, están hechas para consumirlas en el momento, agotarlas y que no nos cueste una lágrima decirles adiós.

Música aparte, resulta extenuante la batalla por frenar el paso del tiempo. Tratamos de detener lo inevitable a base de cosmética, inyecciones y bisturíes, pero esto no es suficiente para evitar el deterioro físico inherente al paso de los años, y mucho menos el mental, a menos que también complementemos todo esto con una buena alimentación y actividad física regular.

Qué queréis que os diga, mi piel no es tan firme como antes, me cuesta cada vez más muscular y comienzan a asomar las primeras arruguitas en mi rostro, en parte por esa manía mía de gesticular como si fuera italiana. Podría evitar que se notaran, pero a ratos hasta me gustan, sobre todo las de los ojos, en ellas están las huellas de las risas, al mirarlas son como pisadas que te devuelven al camino cuando te has perdido.

Soy bastante conservadora en lo que a cambios faciales se refiere, tan solo he probado en tres ocasiones el bótox, pero cada vez que me tumbo en la camilla temo que el producto migre y no lo he vuelto a utilizar. No me gustan las batas blancas, les debo mucho, pero resucitan recuerdos, por eso me resisto a acudir al médico por placer.

En general, cuando intentamos modificar algo de nuestro aspecto debemos tener en cuenta que los resultados pueden variar respecto a la idea que nos hacemos previamente, de ahí que meditar cualquier cambio estético sea lo más adecuado, por si luego resulta imposible rebobinar.

Queremos vernos mejor, pero por encima de todo alargar la juventud. En gran medida no es culpa nuestra, la sociedad nos presiona para que combatamos el paso del tiempo en lugar de aceptarnos tal y como somos. Nos han hecho creer que solo se nos aprobará si permanecemos bonitas el mayor tiempo posible, como sea. No se les exige lo mismo a los hombres. La industria del cine en Hollywood, por ejemplo, aparta a las actrices que considera que ya no son atractivas por su edad y las empuja a cometer errores estéticos que les hacen perder su identidad, hasta tal punto que a veces ni siquiera se las reconoce, y ellas, en los casos más extremos, optan, arrepentidas, por evitar aparecer en público. En España no es muy diferente. Hace unos días escuché una entrevista que le hicieron a una conocida directora de *castings*, en la que esta se lamentaba de lo difícil que resultaba hoy en día encontrar actrices que dieran la imagen de persona madura, porque la gran mayoría no tienen arrugas de expresión y resultan poco creíbles para este tipo de papeles.

En cuanto a la televisión, esta es imagen, y en los tiempos que corren, de absoluta adoración de la juventud, en nuestro país permanecer en primera línea no resulta sencillo, porque cada año llegan hornadas nuevas de presentadores y actores. Haced el ejercicio de comprobar que muchas de las caras de la televisión con las que hemos crecido han desaparecido de la pantalla, sobre todo las femeninas. Y si han sobrevivido en el sector audiovisual es porque han recurrido a intervenciones estéticas o tienen una genética privilegiada y un tesón extremo a la hora de cuidarse. La violencia estética en televisión es un hecho; no importa lo preparada que estés ni lo consolidada que sea tu trayectoria, que pronto faltará tiempo para que te sustituyan por otra más guapa, joven y delgada. En televisión no existe la diversidad corporal. De hecho, es muy hipócrita hablar de la naturalidad cuando lo cierto es que esta no aparece ni en pantalla ni en la vida real.

No voy a negar que en su día me convino que esto fuera así, a mí, que vengo de una época en la que estaban de moda las reporteras en los programas de entretenimiento y éramos no más de cinco las que nos disputábamos la atención de los focos. Pero también asumo que introducirme en el mundo de la televisión como una de las «guapas» hizo que tuviera que desvivirme para que me valoraran y de esta manera pudiera desvincularme de la imagen de «chica florero» que proyectaba y que tanto odiaba cuando ejercía de modelo, y que tan poca importancia daba a lo que pensaba o sentía cuando desempeñaba cada uno de mis trabajos. Tal vez por eso en mis comienzos desafiaba las reglas, para tener la falsa sensación de que dirigía yo cada una de mis intervenciones televisivas.

Dicho esto, en España la televisión no es para viejos, una triste realidad que ojalá cambie algún día y un problema muy nuestro. En efecto, en Estados Unidos no se da y en las grandes cadenas de televisión europeas se está valorando cada vez más la madurez, lo cual me da esperanzas, porque ahora todavía puedo presumir de juventud, pero el día de mañana, que será cuando más preparada esté en mi trabajo, resultará una injusta condena recibir un no por respuesta por no conservar la lozanía de antaño.

La estética no debería ser la primera de nuestras prioridades, en su lugar tendría que serlo nuestra manera de conectar con la audiencia que nos ve desde casa.

Nuestro aspecto no debería ser objeto de comentario ni noticia, y aun así no faltarán días en los que la ilusión óptica de una tela ceñida que brilla haga saltar las alarmas y las redes se pregunten si estás embarazada, o en los que un maquillaje poco acertado o demasiado recargado te ponga encima diez años de golpe y la gente escriba en masa para saber si va todo bien.

En la radio no existen estos dilemas, porque la voz y cómo diriges tus palabras lo son todo; en el estudio radiofónico no necesitas una versión estéticamente elaborada de ti misma como en la televisión, podrías ir hasta en pijama, salvo que el programa se emita en *streaming*.

Más allá del cine, la televisión o la radio, hay muchos trabajos en los que la juventud o la belleza es determinante, sobre todo aquellos en los que te encuentras de cara al público. Qué locura que ser joven se considere más importante y se aprecie más que la carrera y los másteres, que tanto cuestan de obtener, o un buen currículum. Y esta presión nos ahoga y nos hace sentir inútiles, porque la sociedad nos recuerda, cada vez que las cosas funcionan según este criterio, que cuanta más edad, menos probabilidades de alcanzar los sueños laborales, de encontrar pareja si no se tiene o de acabar triunfando en la vida.

Nos esforzamos continuamente en cambiar la palabra «vejez» por otras que no suenan tan mal: «mayor», «sénior» o «maduro». Tengo un amigo que dice que él no es viejo, que lo que tiene es mucha juventud acumulada; me encanta, si bien ser viejo es lo que es, por mucho que lo maquillemos. Nadie quiere ser viejo, pero si evitamos llamar a las cosas por su nombre, o damos un rodeo para nombrarlas, estas se convierten en algo malo.

Personalmente, me aferro a la romántica idea de que la vejez es un sentimiento muy subjetivo o que alude a lo dependientes que seamos. He visto gente vieja con veintiún años. Y personas con más de ochenta años que se resisten a envejecer. Tal vez necesite explicarme así esta etapa difícil de catalogar, y a la que quiero y no quiero llegar. Quiero porque deseo vivir muchos años, con calidad de vida. Y no quiero porque entonces sabré que esto se acaba y no sé si seré capaz de abandonarme a mis recuerdos y lidiar con el deterioro del organismo, más allá de que en los análisis de sangre los números bailen un poco más arriba o abajo.

Respecto a verme llena de arrugas, creo que lo soportaré dignamente, por mi forma de ser, aunque añoraré a ratos reconocer en el espejo cómo fui y me apene ver que mi imagen se aleja de aquella de la que un día se enamoró mi marido.

VALORAR EL TIEMPO

Recuérdame, hoy me tengo que ir, mi amor.
Recuérdame, no llores, por favor.
Te llevo en mi corazón y cerca me tendrás.
A solas yo te cantaré soñando en regresar.
Recuérdame, aunque tenga que emigrar.
Recuérdame si mi guitarra oyes llorar.
Ella con su triste canto te acompañará.
Hasta que en mis brazos estés, recuérdame.
Recuérdame, hoy me tengo que ir, mi amor.
Recuérdame, no llores, por favor.
Te llevo en mi corazón y cerca me tendrás.
A solas yo te cantaré soñando en regresar.
Recuérdame, aunque tenga que emigrar.
Recuérdame si mi guitarra oyes llorar.
Ella con su triste canto te acompañará.
Hasta que en mis brazos estés, recuérdame.

Coco, «Recuérdame»

Nos pasamos la vida postergando planes, conversaciones, buenos hábitos, viajes, palabras, abrazos, como si el tiempo fuera infinito, y no lo es. El tiempo es finito.

Vivimos de espaldas a la muerte, aunque hasta ahora no se ha olvidado de nadie. El tiempo se escapa como el agua de un vaso que se evapora al sol, no la ves marcharse, pero cuando te quieres dar cuenta solo queda el cristal.

De pequeña observaba a aquellos que tenían la edad que ahora celebro y vaticinaba, al dar por sentado que ya eran viejos, que pocos años les quedaban de festejos. Esas eran las matemáticas que a mí se me daban bien, las de predecir cuándo el paso del tiempo les debía empezar a preocupar por haber consumido casi la mitad de su existencia.

Ahora, con la edad que me daba que pensar de renacuaja, lo cierto es que siento que me queda mucho por experimentar, sin presagiar ni siquiera que habrá un final. Y no es que me considere eterna o vaya a pedir que me congelen, como pensaba que estaba Walt Disney hasta hace más bien poco, por si en el futuro hubiera una cura para la vejez, sino que no soy consciente de lo rápido que pasa el tiempo.

Y lo que no quiero lamentar cuando mi vida esté cerca de escribir «*The end*», como en las películas, es haber perdido la oportunidad de hacer o decir según qué cosas. Trato de ser coherente con lo que soy y expresar siempre lo que siento o pienso, aun a sabiendas de que a veces pueda no gustar.

No pretendo decir con esto que me haya programado para ir tachando líneas de una lista imaginaria de cosas por hacer, sería estresante; me refiero a que necesito estar cada día en disposición de sentir, vibrar, jurar, llorar, manifestar opiniones, abrazar y dejarme lo menos posible en el tintero. Porque el tiempo es irrecuperable. Y nunca seremos tan jóvenes como ahora. El tiempo que pasa no regresa. Pero tampoco deseo vivir con prisa, como el conejo blanco de *Alicia en el país de las maravillas*, que corre sin tener claro adónde con un reloj entre las manos.

Mi apuesta es vivir de verdad, vivir la vida ahora.

No refugiándome en momentos del pasado que ya no puedo cambiar, tampoco en el futuro, porque predecir cómo se van a suceder las cosas es imposible, ya me gustaría tener ese don para comprar el número premiado de la lotería. Aunque posiblemente que te toque la lotería de verdad es ser capaz de clavar los talones en el presente, educar a mi hija en unos valores que le hagan sentirse fuerte, permanecer al lado de quien quiero y me quiere, disfrutar de un trabajo que me ha regalado grandes oportunidades de crecer, de conocer gente interesante, de vivir experiencias que no están al alcance de cualquiera y, por qué no reconocerlo, de colarme en reputados restaurantes y viajar gratis.

Durante mi último viaje a Zaragoza fui a visitar a mi abuela Aurora. Un mes antes de la pandemia tuvo la mala pata —nunca mejor dicho— de caerse en su casa de Corona de Aragón y romperse el fémur. La faena fue que en esa casa tan vivida y lugar de encuentro para toda la familia no hubiera ascensor. Mi abuela debía seguir un programa de rehabilitación que le permitiera, con suerte (fue grande el destrozo), volver a subir y bajar las escaleras hasta el primero derecha, con una planta principal de por medio. Así que sus hijos, entre ellos mi madre, le buscaron una residencia donde la atendieran mientras fuera en silla de ruedas y los fisioterapeutas pudieran seguir su recuperación de cerca.

Abandonar el hogar donde habitan tus recuerdos es una putada. Y la vejez, una mierda, sin contemplaciones ni poesías.

Mi abuela Aurora perdió la referencia de todo lo que ella había sido al vender sus hijos la casa en la que vivió gran parte de su vida: su taller —que seguía intacto—, la habitación de mi bisabuela, la suya propia, el olor y los ruidos de su hogar, sus pertenencias —mucho más que objetos—, el saludo de sus vecinos de siempre y ese cuco que ya no molestaba.

La pandemia arrasó a su paso, y mi abuela tuvo que quedarse sola, únicamente con los recuerdos que caben en una maleta, como tantos abuelos. Sola, sin el consuelo de su familia y sin apenas comunicación, porque los móviles de hoy en día son complicados y nos empeñamos en que tuviera uno moderno para poder enviarle por WhatsApp fotos de sus nietos y bisnietos para que no se le hiciera todo tan cuesta arriba. El caso es que mi abuela se ponía muy nerviosa con ese teléfono con tantas funciones y se echaba a llorar porque no era capaz de manejarlo bien. Lloraba cada vez que nos escuchaba.

Cuando el coronavirus entró en la residencia y mi abuela se contagió, la trasladaron al hospital. Mucha gente —mayores en su inmensa mayoría— murió sola, sin el calor de una mano o una voz amiga que hiciera más liviano el final. Después de toda una vida dedicándose a los demás murieron como si los hubiésemos abandonado.

Cuando los médicos estimaron que el final de mi abuela Aurora era inminente, en un momento de consciencia, las enfermeras vestidas con EPI (que muchos sanitarios tuvieron que adquirir por su cuenta para no contagiarse y llevar el virus a sus familias) me ayudaron a realizar una videoconferencia con ella. Creo que es lo más triste que he vivido. No conseguía hablar sin que mis palabras tuvieran sabor a despedida, intenté sin éxito que no me temblara la voz para recordarle lo mucho que la quería. Luna estaba cerca y le pedí por favor que viniera, mi hija no sabía que su madre estaba dándole el último adiós a una de las personas más importantes para ella. Y le pedí, con cariño, que le mandara un beso volado, un beso de esos que viajan a kilómetros de distancia y que casi se sienten, que le enseñó a dar mi madre.

Haciendo balance de la tragedia pienso en lo grande que les vino a las residencias la pandemia. Fue un drama lo que ocurrió en ellas, con tantos residentes que ni siquiera eran enviados a los hospitales. Miles y miles de ancianos perdieron la vida, arrastrados en masa por cada una de las olas de COVID. No había suficientes respiradores artificiales ni recursos, y los médicos debían elegir a quién salvar y a quién no, un dilema ético sin igual, en el que los más mayores salieron claramente perjudicados. Muchos ancianos ingresados en las unidades de cuidados paliativos de los hospitales tuvieron que abandonar su cama para que otros pacientes con más éxito terapéutico se pudieran tratar. Un caos sanitario sin precedentes, y mientras, la gente seguía teniendo infartos, cáncer o roturas de cadera.

Fueron meses difíciles y yo no pude reprimir las lágrimas en *Espejo público*, donde acudía como colaboradora, al tener que tratar el tema. La pandemia fue un machetazo para el mundo entero, y aunque cada día nos alejemos más de todo aquello, hay una parte de nosotros que no lo olvidará jamás.

Vi que los milagros existían pocos días después de despedirnos de mi abuela, cuando me comunicaron que había mejorado. Los médicos no se lo creían. Es tremendo cómo nos agarramos a la vida a veces. Creo que mi abuela va a ser la única persona de la cual me despida dos veces. Fue increíble, de repente resurgió como el ave fénix, quejándose, en cuanto pudo expresarse correctamente, de lo fea que debía de estar con el camisón de hospital y sin peinar.

Afrontar la muerte me resulta difícil porque valoro

la vida. También gestionar la muerte de personas que son importantes para mí, pues lamentablemente no creo en el más allá, en las interpretaciones teológicas de casos clínicos de gente que abandona su cuerpo, ve una luz y regresa de nuevo, ni en la reencarnación, como la que muestra la preciosa película de animación *Vaiana*, en la que la abuela, al morir, se convierte en una manta raya y vela por su nieta cada día y cada noche. Como veis, Disney formó parte de mi vida de pequeña y lo sigue haciendo ahora que soy madre de una niña pequeña y sus nuevas películas son más educativas y menos descorazonadoras.

No miento si digo que me gustaría albergar dentro de mí la esperanza de que con la muerte no acaba todo y que cada uno de nosotros tenemos un ángel que nos cuida, pero he nacido testaruda y muy cuadriculada, pese a haberme educado en la religión católica.

Por eso me resulta difícil explicarle a mi hija lo que implica morirse. Cuando era más chiquitina y veíamos algún animal que no se movía, porque estaba ya frío, le decía que estaba dormido y que no lo despertara, y me colocaba el dedo índice en los labios, como las enfermeras de los carteles antiguos de los hospitales, para que no hiciera ruido.

Luna sabe que yo tenía un perro samoyedo, Tom, al que ya he mencionado aquí, y me pregunta por él muchas veces. Adora los animales. Sabe que se hizo viejecito y se murió, y eso le da que pensar. «Mamá, cuando seas viejecita, ¿tú también te morirás?». Y no sé si está bien o mal, no soy una experta, pero intento aplicar la cordura y el amor que me sobra hacia mi hija y zanjo la conversación diciéndole que yo no pienso morirme nunca. A lo que ella a continuación añade: «Y yo cuando sea mayor, ¿me moriré?». Le respondo que no. Porque tiene cuatro años. Conforme la vida transcurra, ya iré destripándole sus minucias.

Cuando alguien de mi familia fallezca, por el orden natural de las cosas, le explicaré con cariño que esa persona no volverá a despertar. Me parece bonita esa historia para los más pequeños que dice que las personas que te importan y ya no están contigo se convierten en estrellas, y que al mirar al cielo puedes verlas y hablar con ellas. No es nada descabellado si tenemos en cuenta que abrazamos las religiones sin preguntarnos si acaso tienen sentido sus explicaciones.

Sé que pronto mi hija tendrá que comprender que la muerte es un fenómeno natural e irreversible, pero si alimentamos que su infancia esté envuelta en papel de fantasía, por qué tendríamos que ser tan claros acerca de lo que nos espera en el postre de la vida —o antes—, cuando tiene una edad en la que las preocupaciones deberían ser triviales. Por qué hacerles crecer tan rápido, tiempo habrá de explicarles todo. A ratos tengo la sensación de que buscamos criar adultos en miniatura.

Luna cree que la muerte no es universal y no nos va

a llegar a todos. Los niños de entre tres y cinco años tienen un concepto del fin de la vida muy curioso.

Cuando yo era pequeña pensaba que la muerte era un proceso que podía revertirse, porque cuando mis padres nos llevaban a mi hermana y a mí al balneario de Panticosa, había una piscina llena de hojas en la que siempre flotaban mariposas, plegadas, inmóviles. Me situaba en el borde y con una rama larga las alcanzaba una a una. Las colocaba en la palma de mi mano, hasta que el sol y mi aliento las secaban. Pasado un rato volvían a volar alrededor de mi cuerpo y dejaban incluso que las tocara. Son preciosos instantes que recuerdo, creo, sin distorsión alguna. Lógicamente, las mariposas no estaban muertas, tan solo esperando lo inevitable, con las alas mojadas. Pero sobre mi piel resucitaban.

Cuando mi padre era pequeño tenía una escopeta de perdigones. Un día apuntó a un gorrión que estaba en un árbol a una distancia grande, con tan mala pata que le dio. Mi padre lamentó haber matado a ese pájaro durante mucho tiempo, y a raíz de ese incidente su actitud cambió. Nos inculcó el respeto por la naturaleza, tanto a mi hermana como a mí. Por eso cuando en el colegio veía que algunos niños les arrancaban las patas a las mariquitas, les cortaban la cola a las lagartijas para ver si les crecía de nuevo, estropeaban las plantas o les rompían el caparazón a los caracoles sufría mucho por no ser capaz de evitarlo.

Fomentar en los niños el amor por los animales, las

plantas y los árboles, no desperdiciar el agua y no perder de vista —en la medida de lo posible— lo que está fuera de las ciudades, lejos del asfalto, la contaminación y el ruido ensordecedor, es realmente importante.

Conservar este mundo en las mejores condiciones va a ser el legado que les dejemos a nuestros hijos, y debemos ser un ejemplo para ellos.

No permitamos que muera, no resucitará.

VIVIR CON EL PILOTO AUTOMÁTICO

¿Cómo frenar la vida cuando vamos acomodados en sus asientos, dejándonos llevar, a una velocidad cada vez mayor?

Vivimos con el piloto automático, cogiendo los atajos que no dejan casi tiempo para vivir, sentir, respirar. Absorbidos por el trabajo, donde no marcamos límites hasta que la vida nos advierte con un gran susto de que vamos por un camino que no nos conviene, o tal vez por el buen camino pero a un ritmo demasiado veloz, como fue mi caso. Entonces te das de bruces con la serendipia, encuentras por casualidad algo que no buscabas: darte cuenta de que desacelerar es la cura de todos tus males.

Desde muy pequeña me hicieron creer que el éxito era el pase de oro para la felicidad, pero he comprendido que a veces la felicidad no está donde la buscamos y que en ocasiones las cosas son más bonitas cuando las soñamos. No por ir a toda prisa alcanzaremos lo que creemos que ansiamos. Por eso me parece mucho más inteligente hacer las cosas lo mejor posible en lugar de lo más rápido posible.

Necesitamos vivir con más sosiego, con más consciencia, con más mimo. La vida a toda hostia ya sabemos hacia dónde nos lleva: al camposanto. Una vida más artesanal es lo que me propongo cuando me despierto cada mañana, aunque he de decir que no siempre lo consigo.

Los humanos hemos tratado de medir el tiempo desde épocas muy antiguas. En Babilonia, hacia el 1400 a. C., con los relojes de agua, calculando lo que tardaba una cantidad de agua en pasar de un recipiente a otro. Los relojes de vela, que se mencionan por primera vez en un poema chino, que consistían en una vela graduada que ardía con un ritmo de combustión medido, eran una forma de determinar la hora por la noche. Se usaron además los relojes solares, que tenían un palito vertical que proyectaba una sombra variable a lo largo del día, o los relojes de arena, que reflejaban el fluir del tiempo y que era común encontrarlos plasmados en las banderas de los piratas, bajo la calavera, como símbolo de la existencia fugaz del hombre en la tierra y que ahora utilizo para que Luna comprenda el tiempo que le queda de juego en la bañera o cuánto rato debe frotarse los dientes con el cepillo, hasta que aparecieron los más precisos de pulsera, cuando, en 1904, el relojero suizo Hans Wilsdorf, fundador de la marca Rolex, creó el primer modelo. Llegarían después los digitales, que hoy nos sirven para medir incluso las pulsaciones y avisarnos si algo va mal.

Creo que ya no sabría vivir sin reloj, necesito saber en qué momento del día o de la noche, si me levanto a hacer pis, me encuentro. Vivimos programados, con horarios laborales demasiado largos y que no nos dejan conciliar ni disfrutar de nada ni de nadie; somos prisioneros del tiempo que nos hemos empeñado en cuantificar. Todo es rápido: el *fast food*, los polvos acelerados de los portales de citas o los que planificamos con la propia pareja un día por semana para que la relación no se apague, los cuentos de un minuto que les leemos a nuestros hijos por las noches para ahorrar tiempo. Me abofeteo por dentro cuando apremio a Luna para que no se recree por las mañanas contándome lo que ha soñado porque si no llegamos tarde al cole, cuando esas historias bien valen que me siente con ella y les dedique al menos cinco minutos.

Si hasta me depilo las piernas con dos Epilady a la vez para ahorrar tiempo.

Los adultos les transmitimos el virus de la prisa a nuestros hijos sin darnos cuenta.

Dónde están esos momentos de soledad con nosotros mismos que invitan a reflexionar, sin la televisión de fondo, sin pódcast taladrándonos la cabeza, sin intervención alguna de la tecnología. No los hay apenas.

Me siento idiota cuando circulo por las horas a toda velocidad aun sabiendo que vivir deprisa es vivir de manera superficial. Y es una lucha diaria tratar de hacerlo con calma, profundamente. Quedarnos solo con la piel de las cosas hace que ni siquiera las recordemos. No es que tengamos problemas de memoria cuando olvidamos qué cenamos dos días atrás o qué hicimos ayer por la mañana, sencillamente es que no prestamos atención a nuestros actos y rara vez nos centramos en una sola cosa a la vez.

Considero que en parte esta manera que tenemos de vivir la vida como si alguien nos persiguiera es debida a la certeza de saber que nuestro paso por aquí tiene fecha de caducidad, es limitado. Y por ello intentamos a toda costa aprovechar el tiempo, para tener la sensación de que nuestra vida no ha sido en balde.

Puede parecer una tontería, pero hay muchos días que compro la prensa en lugar de leerla en el móvil o el ordenador. Me gusta disfrutar de esas páginas, que al día siguiente ya no tendrán ningún valor porque formarán parte del pasado, con una taza de té o de café. Cuando me siento ante un periódico puedo leer las noticias con más atención, incluso esas a las que no les habría regalado ni un solo segundo en el portátil, por resultarme ajenas o precisar más análisis o reflexión. Leo la tinta del cuerpo de las noticias que nunca habría abierto en la pantalla tras leer en diagonal su titular. Es por eso por lo que cuando termine de escribir este libro lo imprimiré en papel, para entender lentamente cada palabra que he vertido en mi Mac.

Hay una cosa de la que apenas se habla y es preciso tenerla en cuenta: la luz azul que emiten las pantallas de ordenador, las tablets, los televisores o las bombillas LED, una intensa luz que deshidrata la piel, envejece y provoca manchas (que presten atención las mujeres embarazadas y las personas que tienen problemas hormonales y sufren melasma). Además, es importante saber que no todos los protectores solares que protegen de los rayos UV lo hacen de la luz azul que emiten las pantallas, por si pensáis que con una crema de protección solar estáis libres de sufrir los daños colaterales de esta era digital. Al parecer, solo las pantallas físicas, con dióxido de titanio, por ejemplo, son eficaces para filtrar las luces azules.

Por si fuera poco el hecho de que las pantallas provoquen fotoenvejecimiento, se está estudiando la relación entre el aumento de casos de cáncer de piel en la población y el uso indiscriminado de HEV (siglas en inglés de la luz visible de alta energía) de los dispositivos electrónicos. Para colmo, este tipo de luz también afecta a la retina, con más intensidad cuanto más cerca esté la pantalla de los ojos, por esto supone más peligro el ordenador que la tele, que suele estar situada a una distancia mayor.

Además, la luz azul reduce la liberación de melatonina, interrumpiendo el ciclo del sueño y haciendo que nos cueste más quedarnos dormidos. Ya veis que el insomnio no siempre es imputable al consumo de cafeína a lo largo del día, que por mi parte es elevado, aunque cierto es que soy de esas personas que duermen a pierna suelta (si bien con un bruxismo a lo bestia, según Juan Romero, mi dentista de confianza y una persona diez), tal vez porque me guardo pocas cosas en la recámara y porque a mi edad ya no pretendo ser quien no soy para satisfacer las necesidades de otros en lugar de las mías propias.

Dios, no sé si dejar este libro a medias, es un abuso las horas que llevo aquí metida escupiendo todas mis verdades.

El tiempo pasa volando cuando no nos paramos a saborear los detalles. Me hace gracia que Sergio todas las noches, antes de acostarse, inmortalice con su móvil a Luna dormida, como si así pudiera detener las agujas del reloj, que giran aceleradas.

Vivir de forma más pausada no nos vuelve unos vagos, ni unos aburridos; paradójicamente, cuando bajamos la intensidad somos incluso más productivos y mucho más creativos. Las mejores ideas surgen cuando abrazamos actividades más lentas, cuando respiramos bajo la ducha, al mirar el cielo, de vacaciones, mientras peinamos a nuestros hijos, hacemos un puzle con ellos o mareamos la bechamel en la sartén.

Eso no quiere decir que sea un delito que nos guste la velocidad: en el deporte, en un parque de atracciones, a la hora de buscar soluciones… El problema es cuando ir deprisa se convierte en nuestro *modus operandi* y lo aplicamos en todos los rincones de nuestra vida.

Desarrollamos cualquier actividad con continuas

distracciones, con el móvil siempre excesivamente cerca y tratando de evitar silencios incómodos, aunque muy necesarios, con ruido de fondo. No debería ser tan difícil utilizar la tecnología de manera equilibrada, por mucho que las empresas se devanen los sesos para conseguir lo contrario. Hace unos años, me alarmaba al comprobar las horas de uso que registraba mi móvil, era de vergüenza, ahora el algoritmo de Instagram me castiga periódicamente por no visitarlo demasiado.

Vivir «a toda la caña» o vivir «a toda la leche», como dice Luna, trae consigo también que no le dediquemos a nuestra pareja el tiempo que merece, y muchas relaciones se apagan por esto hasta dejar de existir. Hay que cuestionarse, para no erosionar lo importante de nuestra vida, qué es urgente y qué no lo es, establecer prioridades.

Renunciar es casi un deber, no para alcanzar el nirvana, sino para no volverse uno loco con tanto ajetreo y acabar en llamas, en mitad de un fuego imposible de apagar.

En mi caso decidí, cuando me convertí en madre, no dormir fuera de casa por motivos laborales para poder ver a mi hija todos los días. Soy consciente de que esta decisión no está exenta de penalizaciones, pues he dejado pasar algunos trabajos que eran una gran apuesta en el terreno laboral porque en lo personal me quitaban más de lo que me daban. Algunas elecciones conllevan un sacrificio grande, pero tenerte lealtad y decidir atendiendo a esa vocecita interior que se comunica contigo aporta la recompensa de sentirte increíble.

Ahora Luna es mayor y podría permitirme algunas concesiones. Eso sí, como en todo, debemos tratar de encontrar el equilibrio entre el beneficio, el coste y el riesgo. Y cuando hago recuento de las veces que me he separado de Luna recuerdo solo estas: una a los cuatro meses de dar a luz, cuando me escapé con Sergio a Roma cuatro días porque estábamos sobrepasados y necesitábamos descansar; otras dos ese mismo verano, cuando estuve en Ibiza por mi vinculación con el plan de embajadores de la marca de coches Smart, y la última ma durante la pandemia, cuando fui a Barcelona para que el doctor Iván Mañero me operara el pecho, pues la doctora Parra, del hospital Montepríncipe —el mismo donde di a luz—, me había detectado un bulto en una revisión rutinaria, precisamente un día en el que a punto estuve de no acudir a la cita porque se me hizo tarde en la peluquería y no le daba a la ecografía el valor que tenía. Permitidme que insista en la importancia de hacernos un chequeo ginecológico anual: los diagnósticos precoces pueden resultar vitales. Mi madre tuvo cáncer de pecho y todo se complicó por haber pasado demasiado tiempo y, para no faltar a la verdad, por culpa de un informe erróneo.

Yo he optado por quitar tiempo de unas cosas y dedicarlo a otras que considero primordiales. Para mí es irrenunciable cenar con mi hija, que me cuente cómo ha ido el día y darle un beso todas las noches. Todos tenemos la posibilidad de gestionar nuestro tiempo como deseemos. Lo importante es no entrar en conflicto interno con nuestra manera de ser y tomar decisiones libremente basadas en lo que somos.

Hoy en día vivir lentamente es un superpoder. Vivir lentamente es tener la oportunidad de mirar a los ojos a la gente, de sentarte a pensar, de contemplar el cielo, de pausar los quehaceres, de respirar hondo para recuperar un ritmo de vida más humano, de escribir a mano para interiorizar lo que apuntas, de dormir una pequeña siesta, de pararte a observar una mariquita que le ha llamado la atención a tu hija mientras camináis a toda prisa porque no llegáis a inglés o porque se le ha antojado detenerse en una fuente para ver si dentro hay peces naranjas o junto a una flor para comprobar cómo huele. Y en todas estas situaciones que vivo con mi hija siento que negarle ese paréntesis es injusto. Programamos los días de los niños para que vayan de culo, con miles de extraescolares con las que ocupar los vacíos de su corta vida. Los niños de hoy se asemejan a los robots que somos sus padres; no les queda tiempo para imaginar, aburrirse o hablar de lo que se les pasa por su cabecita porque nosotros tampoco parecemos disponer del tiempo y la paciencia necesarios para escucharlos, sin expresar nuestra opinión a todas horas. Y creemos que como solo tienen cuatro o cinco años podemos suplir el amor que no les damos por estar entregados a otros menesteres comprándoles terribles juegos de cartas metálicas coleccionables Pokémon, muñecos de SuperThings o coches de carreras Hot Wheels.

¿En serio es esta nuestra vida soñada? ¿La filosofía de vida que deseamos?

Ni siquiera en términos laborales ir rápido y echar horas se traduce en más productividad y mayor eficacia.

Relojes, agendas, calendarios. Dan ganas de quemarlos en la hoguera, ellos sí que son las brujas del presente.

Ir deprisa siempre es un suicidio: en el trabajo, en el amor, en el coche, en la vida en general. Cuando recibí, en 2010, un toque de atención porque no aguantaba más el ritmo, me di cuenta de que tenía que aprender a delegar, a decir que no, a dejar cosas por hacer, a no ser tan perfeccionista. Twitter no era urgente, y dejar la esclavitud de contestar a todo el mundo no me iba a convertir en peor persona, aunque no fueron pocas las quejas por parte de algunos usuarios que afirmaban a golpe de carácter que los había olvidado porque se me había subido la fama a la cabeza. Iba tan acelerada conduciendo por la autopista que no recuerdo demasiado de mis comienzos en la televisión nacional, tendría que revisar los CD que guardan celosamente mis intervenciones y que hasta ahora no he vuelto a ver, o el historial de Twitter (nunca he borrado nada) y las fotos que colgué en redes, que resucitan incluso lo que pensaba que no había ocurrido jamás.

Con todo, volví a cometer los mismos errores meses más tarde, porque las personas somos así, se nos olvidan las cosas, a veces hasta nos olvidamos de vivir. Y para vivir de verdad es importante recuperar el placer de la lentitud, pronunciar para nuestros adentros la palabra «basta» y evitar saltarse los renglones necesarios de nuestra propia historia para que todo cobre sentido.

APRENDER A DECIR QUE NO

La televisión llegó a mi vida como un ciclón, no de manera progresiva.

Un día, cuando ya había terminado la carrera, y tras protagonizar la portada de una revista muy leída por los aragoneses, me llamaron de *Sin ir más lejos*, el programa de las mañanas de Aragón TV, para participar en un debate sobre los concursos de belleza con algunos políticos, convencidos de que iba a defender estos certámenes a capa y espada. Yo me tiré en plancha y me posicioné claramente en contra, lo cual desconcertó y gustó a partes iguales al director del programa, Jorge Gallardo, actualmente director adjunto del programa de Antena 3 *Espejo público*.

Mis intervenciones, completamente anárquicas pero muy divertidas, aparecían en los *zappings* de *Sé lo que hicisteis*, el programa estrella de La Sexta, presentado por Ángel Martín y Patricia Conde. Y Miki Nadal, paisano mío, las comentaba en el plató. Aquellas fugaces apariciones en un programa de humor que batía récords de audiencia fueron clave para que, dos meses después de comenzar mi periplo en televisión, Globomedia se pusiera en contacto conmigo y me ofreciera participar en el popular *casting* para sustituir a Pilar Rubio, que se había marchado a Mediaset.

Cogí una noche de hotel en Madrid y me planté en las instalaciones de la carretera Fuencarral a Alcobendas, número 24, donde Miki Nadal me sometió a una prueba que consistía en contar chistes, un arte que no todo el mundo sabe apreciar en mis labios y al que no suelo recurrir para no quedarme sin amistades. Ante mi sorpresa, pasé la primera criba, de manera que al día siguiente me tocó plantarme toda la cartelería encima y pedir besos en la calle Preciados, para luego subirme a una terraza de la Puerta del Sol a dar las campanadas, sin uvas pero con vértigo. Al terminar quedábamos solo cuatro candidatas: la simpatiquísima gallega Alba Lago, la actriz Salomé Jiménez, Adriana Abenia y Cristina Pedroche, quien fue finalmente seleccionada.

Lloré tanto pensando que con ese rechazo estaba todo perdido que le escribí una carta a Emilio Aragón, fundador de Globomedia, para pedirle explicaciones, pues las pruebas me habían ido muy bien. Estallo en carcajadas solo de recordarlo. Hace poco coincidí con él en el estreno del espectáculo circense *El sueño de Miliki*, al que acudí con mi hija a cantar las canciones que yo me aprendí de memoria cuando era pequeña y que ahora ella se sabe al dedillo, un precioso viaje a la nostalgia y la ilusión. ¿Leería aquel mail? Vuelvo a reír con ganas.

Si alguna vez estáis contrariados, escribid todo lo que desfile por vuestra cabeza sin dejaros nada en el tintero, con el firme propósito de enviarlo después. Están permitidos los tacos. Cuando hayáis terminado ni se os ocurra mandarlo, no os equivoquéis. Dejad que pasen los minutos de calentón. Como por arte de magia, la mente se distancia de lo vivido tras haber liberado las emociones. Es increíble cómo ayuda una hoja en blanco a aclarar las ideas o a desahogarse. Es una jodida catarsis, como lo está siendo escribir este libro. En un contexto más íntimo, encuentro que escribir un diario te permite escuchar tu voz más sincera, esa que no tiene que tirar del freno de mano a cada rato para no ofender a nadie, ni siquiera a ti misma.

El caso es que después de gastar pañuelos y más pañuelos por lo mucho que me habría gustado ser elegida, José Muro me llamó una mañana y me informó de que estaban a punto de hacer un *casting* en Barcelona para escoger a la presentadora del programa que sustituiría al cancelado *G-20*, un *talent show* que muchos veíamos porque lo conducía Risto Mejide, el juez cabrón de *OT*. El nuevo programa de La Fábrica de la Tele tenía previsto estrenarse enseguida en el *access* de Telecinco.

Hay una frase de Arturo Pérez Reverte —con el que coincido muchos días tomando café en una terraza, él bajo su sombrero y yo bajo mi gorra— que me gusta: «A cada instante se pone a cero el contador y el ser humano tiene un don maravilloso: la oportunidad de empezar, e intentarlo de nuevo».

Ni corta ni perezosa cogí el AVE hasta la ciudad protagonista de una de mis novelas favoritas, *La sombra del viento*, de Ruiz Zafón. Me acompañaba Sergio, y aunque él tenía un pálpito, yo tan solo aspiraba a pasar dos bonitos días en Barcelona y que la productora me conociera, muy realista después del batacazo de haberme quedado a las puertas de entrar de reportera en *Sé lo que hicisteis* hacía apenas dos semanas.

En la vida no hay una segunda oportunidad para causar una primera impresión.

Cuando llegué allí, ver algunas caras conocidas me hizo presuponer que ni de broma iba a ser yo la elegida, así que me senté detrás de la mesa del plató de *G-20* junto a Risto sin pretensiones. Y tal como me temí, él iba a ser el responsable de darme la réplica en el *casting*. Me flipaba tenerlo tan cerca y tan lejos, detrás de sus famosas gafas oscuras de antes, pero supuse que no me lo iba a poner nada fácil. Estaba en lo cierto.

Con Óscar Cornejo muy pendiente de todo, dio comienzo la prueba. Me sentía como en un informativo teniendo que leer una pantalla justo delante de mis narices, cosa que no había hecho nunca. Me tocó improvisar. Me reí. Risto se metió con mi risa. Yo nunca había reparado en ella. Me pidió que volviera a repetirla. Me dio un ataque de risa, ajena a sus intenciones de putearme. Para mí ya era suficiente regalo estar allí disfrutando de una segunda oportunidad, me veía a mí misma desde arriba, como si estuviera flotando en el aire (igual que las personas que están muertas unos minutos), inmersa en aquella disparatada situación, y me hacía gracia hasta tal punto que me resbalaban sus intenciones de picarme, como si arremetiera contra otra y no contra mí. Al despedirme tuve muy claro que no iba a ser yo la elegida, así que Sergio y yo decidimos amortizar nuestra estancia en Barcelona, ciudad siempre bella, con una comilona deliciosa y un paseo largo de la mano, antes de acudir al hotel Emma, de la cadena Room Mate, donde nos alojamos.

Al caer la tarde me llamó desde Madrid mi *booker* de moda de toda la vida, Michael Acevedo, que trabajaba desde hacía poco tiempo en el área de moda de Pop Management, pared con pared con José Muro, su dueño. Había sido Michael, al que yo había seguido de manera fiel de una agencia a otra, quien le había propuesto a Muro que me diera la oportunidad de moverme en la tele. Muro, aunque muy reticente al principio, accedió. Se convenció al verme en Aragón TV entregando una «cesta regalo» por las casas de los pueblos, donde lo mismo bailaba con el premiado abuelo como me ponía sus zapatillas, abría los armarios de su cocina o me tumbaba en su cama mientras le dejaba el micro para que cerrara él el reportaje, saltándome todas las normas televisivas a la torera.

Eso sí, José Muro fue muy claro, me dijo que solo

haríamos tres *castings*, y que si no me seleccionaban en ninguno, adiós.

Os sorprenderá, al leer que menciono a Michael, que la moda todavía tuviera cabida en mi vida, cuando en realidad la aborrecía. Pero mi *booker* siempre estuvo allí intentando que volviera a vivir mi época dorada de anuncios y revistas.

Michael chillaba de alegría.

La vida es como un partido de fútbol: no se termina hasta que el árbitro pita el final, y yo estaba feliz: me habían cogido a la primera. A esas alturas de la tarde, Michael ya le había restregado la victoria por la cara a José Muro varias decenas de veces.

Me puse a gritar yo también, Sergio me cogió en volandas.

¡No me lo esperaba!

Tampoco que Risto fuera a suponer tanto en mi vida, porque curiosamente nunca nos perdemos de vista. Y, tal y como escribió en la dedicatoria de su libro *Dieciséis notas*, todo empezó en *Fresa ácida*.

La televisión pasó a ocupar un espacio en mi vida cada vez más grande.

Al retroceder recuerdo con cariño el último verano antes de empezar a trabajar en la autonómica de mi ciudad, todavía virgen de aplausos o derrotas. En Asturias, recorriendo playas y pueblos con el coche y las ventanillas abajo, con el pelo salvaje y el sabor del mar en los labios. Sergio y yo.

Estaría tan lejos de ti
que ya no recuerdo el momento
en que te dije por última vez
que el cielo se está abriendo
y se abre bajo tus pies.

DORIAN,
«A cualquier otra parte»

He trabajado para casi todas las cadenas de televisión, presentando programas en varias de ellas (La 1, Cuatro, Antena 3, Telemadrid, Aragón TV...) y los premios de la Academia de Televisión en el Gran Casino Aranjuez, junto a Jaime Cantizano, en los que pasé tanta hambre que casi me comí, por torpeza, el truco de magia de Jorge Blass: una naranja espectacular. También he participado en numerosos concursos, protagonizado videoclips y escrito libros, pero, sin duda, la experiencia televisiva con la que más he disfrutado ha sido concursar en un conocido programa de baile.

Estaba en París comiendo cruasanes en la rue Mouffetard, en homenaje a las calles de mi primera novela, cuando mi querida Noemí Galera, de la productora Gestmusic, me llamó para proponerme participar en *Mira quién baila*. Paralelamente, me habló la voz amiga de Óscar Cornejo para ofrecerme presentar *Cazamaripo-*

sas, un programa nuevo de Mediaset para Divinity, dedicado a la crónica social, la actualidad y la moda, que además se haría eco de los *realitys* y demás chascarrillos de su hermana mayor, Telecinco.

Estas cosas pasan en televisión: o bien el teléfono parece haberse estropeado y hasta le das golpes para ver si ha muerto, o bien te llama todo el mundo a la vez.

Estaba indecisa, y al preguntarle a Óscar qué haría él de corazón, después de contarle la propuesta de La 1, me dijo que de *Cazamariposas*, por gestarse en el seno de una TDT, no tenía forma de saber si funcionaría o cuánto duraría y que, a priori, en La 1 yo iba a gozar de más exposición.

Cazamariposas duró siete temporadas, pero elegir bailar en aquel preciso momento me dio la vida. *Mira quién baila* consiguió que volviera a disfrutar de la televisión sin miedo, sin acritud, sin rencores. Me sentía en paz con las cámaras después de la segunda embestida, que había duplicado mi visión y mis temores, y de haberle dado la espalda a un mundo lleno de focos que no me hacía bien. Cuando el cuerpo baila, la mente olvida. Es la terapia del movimiento, por eso lo recuerdo con tanta ternura.

Somos el producto de nuestras decisiones. No hay vuelta atrás. Nadie sabe qué habría pasado si hubiera optado por irme de nuevo junto a Óscar en lugar de jugar a ser bailarina otra vez.

Todos tenemos una brújula interna a la que resulta

interesante escuchar. Aunque no fue mi caso en esta ocasión, hay veces que con el paso del tiempo pensamos que nos hemos equivocado, y debemos perdonarnos si quisimos decir sí y dijimos que no, o al revés. Cuando lo que nos gustaría que hubiese ocurrido es tan diferente a lo que pasó es imposible visitar ese lugar que es el pasado sin sentir un pellizco en el corazón.

El pasado es una colección de recuerdos, pero la única realidad que tenemos es el eterno presente. Es aquí donde cada día podemos reinventarnos y construir. El presente está lleno de oportunidades, el pasado no. Demasiado a menudo cargamos con la frustración del pasado, lo cual es absurdo porque en aquel momento decidimos lo que decidimos según la información de que disponíamos, y si con unos polvos mágicos pudiéramos regresar a ese día, esa hora y ese minuto probablemente volveríamos a elegir lo mismo porque seguiríamos desconociendo lo que nuestra decisión nos depararía en el futuro.

En árabe no existe la palabra «hubiera». No aparece en su vocabulario, y también nosotros deberíamos borrar este tiempo verbal de nuestra mente.

Como dice el escritor Pablo d'Ors en su libro *Biografía del silencio* —y coincido con él por muy escéptica que sea respecto al pensamiento religioso o la meditación—, es absurdo condenar la ignorancia del pasado desde la sabiduría del presente.

Nos debatimos entre los síes y los noes desde muy

pequeñitos. Cuando cuentas cinco años, tal vez decantarte por una u otra cosa no tenga mucha enjundia, pues posiblemente decidir qué desayunar, cómo vestirte, qué cepillo de dientes utilizar o qué juguete llevarte a la calle no trace caminos distintos, pero te forma para que el día de mañana puedas ser independiente y tomar tus propias decisiones.

Ante un torbellino de síes, tenemos la alternativa del no. Aprender a decir que no es muy importante, ya que a veces sale carísimo decir que sí cuando quieres decir que no.

Siendo adolescente me atreví a decir que no en muchas ocasiones, pero en otras tantas forcé una respuesta que no era la que deseaba. Dije que no a las drogas y el alcohol, en cambio, no me atreví a cerrar, por ejemplo, la puerta de la moda, y cuando lo hacía siempre dejaba una ventana abierta. En ocasiones decía que sí, arrastrada, para sentir que formaba parte del grupo.

Creo que a lo largo de mi vida he dedicado demasiado tiempo a cosas que realmente no quería hacer. Ahora intento no desperdiciar tantos minutos de mi pastel, pues ya he consumido casi la mitad, eso si no sucede nada catastrófico.

Cuando empecé en la televisión puse toda mi confianza en José Muro y delegué la mayoría de mis decisiones laborales en él. En los comienzos comes barro porque toca decir muchas veces que sí, hay que estar allí, a la vista de todos. Y fue muy importante decir que sí. Acumulé trabajo (la adicción bien vista), eventos, reportajes fotográficos, conversaciones y amistades que no me interesaban lo más mínimo.

Me gané un lugar a fuerza de decir que sí.

Muchas veces no quería estar donde estaba. Recuerdo unos Premios Telva a los que acudí el primer año que viví en Madrid, en 2010, en el Palacio de Cibeles. Me hacía ilusión estar allí. Había ido acompañada por José Muro, Kike Villa (de la agencia), Christian Gálvez, Almudena Cid y Noelia López, pero por un error, después de posar en el *photocall*, me sentaron en una mesa distinta a la de ellos, en la que solo recuerdo a Jorge Fernández. Todo el mundo deseaba ser invitado a esa fiesta reservada para unos cuantos, pero yo no quería estar sola, esforzándome en entablar conversación con los demás comensales, por muy simpáticos que fueran y por muy fructífera que pudiera resultar la charla (en los eventos, las caras que pasan desapercibidas suelen ser las más importantes). Ansiaba la protección y la seguridad que me brindaban las personas con las que había planificado pasar la noche, y sin ellas me sentía incómoda.

Antes de decidir marcharme a la francesa respiré hondo y lo sopesé varias veces, pero al final dije que iba al baño y no regresé a la mesa a degustar los platos que aparecían reflejados en el menú. Entonces me fui, vestida como si fuera Carolina de Mónaco, a comer espaguetis al restaurante Da Nicola de Gran Vía con Sergio y mi amigo Paco (ahora prefiere que lo llamen Fran).

Y no lo lamento.

Y aunque el «sí» fue decisivo para posicionarme en televisión y como *celebrity*, el «no» me ha llevado a muchos lugares adonde el «sí» no habría llegado.

Una vez que has ganado cierta posición, para que valoren tu trabajo hay que saber decir que no. Si tú no te das valor, nadie lo va a hacer por ti.

Es importante prestar atención a esa voz que te habla desde las tripas y te indica, en un lenguaje que no tiene palabras, lo que es mejor para ti. Merece la pena hacerle caso. No quiero volver a sentirme fuera de lugar por no atender a mis instintos, necesito ser fiel a mis criterios, prefiero no invertir tiempo en algo que no me va a hacer feliz. Cuando terminé el instituto comencé la licenciatura en Administración y Dirección de Empresas, y a los seis minutos de estar en clase ya sabía que me había equivocado. Fui idiota e hice míos los deseos de otros. Ser obediente o querer agradar me ha llevado en más de una ocasión a tomar decisiones erróneas. Volví a cagarla después matriculándome en Derecho para ser una Ally McBeal de la vida, cuando jamás sería capaz de defender a alguien del que supiera de buena tinta que es culpable.

Sentirnos obligados a decir que sí es una epidemia silenciosa. Mucha gente no se atreve a dar un no por respuesta. Y es muy fácil acabar aceptando cuando en realidad querías lo contrario. Nos dan tanto la matraca con «lo correcto» que terminamos asumiendo ideas ajenas como propias casi sin darnos cuenta y contestamos lo que educadamente debemos responder, en lugar de lo que resultaría coherente respecto a nuestra manera de pensar o sentir en cada momento concreto.

No es malo hacer de vez en cuando pequeñas concesiones y ceder, el problema es ceder de manera recurrente. Frenar un poderoso sí abre una zanja entre las dos partes. En ocasiones lo hacemos para no herir a la otra persona, para que no se enfade, para no ofenderla. Es la ley del espejo de Yoshinori Noguchi, una ley que refleja nuestras luces y nuestras sombras: como sabemos que a nosotros una respuesta negativa nos afectaría, pensamos que al otro también. La ley del espejo es una especie de regla mágica que resuelve cualquier conflicto, viene a decir que lo que nos molesta de los demás es lo que nos negamos a nosotros mismos. Es una estupenda herramienta para conocerse a uno mismo y muy útil para entender que los insultos en redes sociales son más un problema del que proyecta su odio que nuestro. Nos atizan con lo que verdaderamente más les dolería a ellos.

Y, de todas formas, si decir que no trae como consecuencia que la otra persona se disguste o enoje, no es responsabilidad nuestra que eso suceda.

Cuando damos un sí y lo que tenemos en la punta de la lengua es un no mayúsculo, estamos siendo poco honestos con nosotros mismos. Hay una frase que escuché en la radio mientras conducía y que me gusta mucho: la verdad siempre protege a quien la practica.

No podemos poner continuamente nuestro estado de ánimo al servicio de los demás. Es muy cansado convertirse en una *geisha* para complacer a la gente todo el día, por mucho que nos guste el té.

Ojo, que no estoy diciendo con ello que sea malo hacer felices a los demás, muy al contrario, opino que a veces no hay nada más placentero que dibujar una sonrisa en los labios de otra persona dándole lo que desea. Pero en el saco de la vida no cabe todo. No es posible decir que sí siempre, comprometerse con el universo entero.

Porque —y aquí va algo que cambió mi manera de ver las cosas— si les dices que sí a aquellos a los que no quieres decirles que sí, a quien le estás diciendo que no es a ti.

Hoy me han llamado por teléfono de *Sálvame Diario*. El programa emblema de Mediaset durante catorce años dirá adiós para siempre el 23 de junio de 2023, dentro de dos semanas. La voz de Elena, la persona que me ha llamado, sonaba dulce. *Sálvame* deseaba contar conmigo el último día de emisión para despedirse acompañado de todas las caras que han formado parte del programa. No he dudado en decirle que sentía muchísimo la cancelación del programa, por el gran esfuerzo de todo el equipo que hay detrás. Es triste cuando un programa acaba y no adivinas cómo será el día de después. Ya le había expresado mis condolencias por escrito a Óscar Cornejo en un cariñoso mensaje, soy consciente de cuánto ha significado el programa en mi vida, para bien y para mal. Sin embargo, no he dudado ni un segundo en decirle a Elena que lamentaba mucho declinar la invitación, que agradecía muchísimo que se acordaran de mí para poner el broche de oro, pero que por una cuestión de principios me resultaba imposible estar presente. Le he recordado que en su día el programa me echó y no me dio la oportunidad de despedirme de la audiencia, y aquello fue doloroso. Durante los años que siguieron, *Sálvame* nunca se paró a preguntarme en ningún *photocall* para no alimentar mi fama y así hacerme desaparecer. Y necesitaba decirle que, si en todo este tiempo no me habían tenido en consideración, tampoco iba a hacerlo yo ahora, por una cuestión de honestidad hacia mí misma. Lo ha entendido, cómo no iba a hacerlo.

Decir que no es más fácil de lo que parece, solo hay que escuchar más lo que nos dicta el corazón.

No podemos acaparar síes, aceptar todos los planes debilita, y más cuando no nos apetecen. Llega un momento en el que toca decidir a qué merece la pena dedicar tiempo y a qué no. Necesitamos tiempo para poder hacer bien las cosas, tiempo para descansar. Habrá quien se moleste al escuchar un no por respuesta, es la otra cara de querer vivir con franqueza.

Debemos bajar nuestro nivel de exigencia, las horas tienen un precio, acabaríamos exhaustos.

Las veces que he terminado en el hospital ha sido por culpa de invertir demasiados recursos y energía en cosas que no los merecían. Es preciso poner límites en la agenda de tu vida, porque si no nos arriesgamos a pagar un precio demasiado alto, nos podemos jugar incluso la vida.

Pensando en mis vivencias, también quiero destacar lo importante que es tener el valor de decir a veces que sí. Hay que tener coraje para decir que no, pero sin olvidar decir que sí para abrirnos a un mundo de posibilidades.

Decir que sí a una experiencia, a una conversación pendiente, al perdón, a la propia vida o al amor.

EPÍLOGO
LA VIDA AHORA

Contempla la idea de estar en el mismo planeta siquiera
[que yo,
y pacta con tu alrededor lo que quieras perder.
Sería precioso hablar de nosotros como algo infinito
que luego se vuelve real y nos vengan a ver
los miedos,
los miedos.
Lo que ha de mediar entre tanta palabra y sus manos
que sea el corazón.
Y pare un segundo su ruido y se quieran oír.
Sería preciso hablar de nosotros como algo imperfecto,
a veces un cielo más gris es un cielo mejor.
Cuidado,
cuidado.
Y perdernos todas
las mejores olas
por creer que volverán.
Y al revés que el resto
presumir del tiempo
que dejábamos pasar.
Una vez brillamos,

sé que una vez tuvimos todo.
Una vez que fue una eternidad, ¡eh!
¡Eh!
¡Eh!

VIVA SUECIA, «Últimas voluntades»

Cádiz está especialmente bonita, la tarde se tiñe de naranja aquí donde estoy tumbada mientras observo cómo Luna apura los últimos minutos dentro del agua junto a su padre, con las manos y los pies arrugados, como mi corazón ahora que sé que estoy a unas líneas de despedirme de todos vosotros.

Me costó convencerme a mí misma para escribir todo lo que he ido desparramando en estas páginas. No quería hacerlo en pequeñas cantidades, quería entregarme sin condiciones. Me prometí, cuando acepté la propuesta de mi editor, Oriol Masià —una suerte en mi camino—, hacerlo de manera consciente, pero sin medir mis palabras, ni ahorrar explicaciones ni evitar riesgos. A veces ser honesta implica alejarte de lo que consideras seguro, acercarte a tus miedos, asumir costes. Estoy orgullosa de haber podido abrir los capítulos de mi vida que un día decidí esconder temiendo que traerlos al presente supusiera un *tsunami*. Muy al contrario, darles un halo de vida me ha permitido recordar lo importante, que casi siempre tiene más que ver con aquello a lo que no apuntamos el tiro que con lo que creemos que vertebra nuestra vida, a la velocidad que nos movemos. En mi caso le otorgué al trabajo un valor que no tenía, y aquello me penalizó hasta tal punto que lo que me sucedió hizo que me convirtiera en otra persona. Cuando ocurre algo así, en adelante miras diferente, tu mirada cambia.

No podría ser la Adriana de antes por mucho que ensayara, sería imposible. Y tampoco quiero recuperarla, porque amo la persona en la que me he convertido tras cientos de aciertos y errores. Solo a veces echo de menos sentirme tan ficticiamente fuerte como antes de tumbarme en aquella cama de la séptima planta del hospital de La Princesa, cuando estaba segura de que nada podría jamás vulnerar mi salud.

Y precisamente salud es poner el broche final a mi libro en este lugar de Sancti Petri al que hemos vuelto, rodeado de inmensos jardines y atravesado por un río con nenúfares, ese hotel de paredes melocotón frente a la playa de la Barrosa, el Royal Hideaway al que Luna quería volver a toda costa porque el año pasado lamentó mucho no haberse atrevido a tirarse por el tobogán acuático. Este año por fin se ha aventurado a hacerlo con mamá y no habla de otra cosa, aunque duda si repetir porque se le llenaron los ojos de agua al bajar a toda velocidad. Ver su cara de satisfacción es la mayor de las recompensas, porque el día de mañana ese tobogán será una apuesta mayor. Sus pequeños logros de ahora son las victorias a pequeña escala de su vida adulta, de la que espero no perderme demasiado, porque el hecho de convertirnos en madres cada vez más tarde implica quedarnos con la miel en los labios porque no podemos disponer de todo el tiempo que nos gustaría para disfrutar a los hijos más años.

Limpio la cámara del móvil, llena de crema solar, y les hago fotos a los dos. Como Sergio me vea me borra el carrete entero, pero qué espera que haga si lleva las gafas color chicle de su hija puestas y se ha subido el bañador hasta el pecho para hacerla reír. Las carcajadas de Luna se amplifican dentro del agua. Quiero poder recordarlos jugando dentro del jacuzzi lleno de burbujas durante mucho tiempo, con los colores reales del atardecer, sin retoques, sin pretensiones, fotos que son solo para nosotros, no como las que nos robaron los *paparazzis* los primeros días de playa. Reconozco, sin embargo, que los fotógrafos me tratan con cariño y he aprendido a convivir con ellos, al fin y al cabo hacen su trabajo, y el mío forma parte del enjambre mediático.

No puedo evitar dejar escapar una sonrisa viendo a los dos apurar los últimos rayos de sol antes de darnos una ducha y salir a cenar atún en todas sus versiones y cortes. Aunque no sé qué comerá Luna, porque he visto que hace un rato, cuando ha ido a pedirle música de Halloween en pleno mes de junio a Alexa, se ha zampado la mitad de la bandeja de dulces que nos han dejado para merendar en la habitación.

Es 23 de junio y se celebra la noche de San Juan, ese

rito pagano en el que se quema lo viejo y malo y se da la bienvenida al verano. Con él escribiré la última palabra de este libro, casualidades de la vida, a la misma hora que terminará *Sálvame* definitivamente, el programa con el que da comienzo mi historia y que siento tan lejano. La tele está apagada, no la hemos encendido desde que pusimos un pie en el sur, y, para ser sincera, lo único que me tienta en este atardecer es zambullirme yo también en el *jacuzzi* con mi hija y mi marido, si no fuera porque es un día importante, pues estoy a punto de concluir el relato de lo que deseaba contaros.

Anteayer mi representante me llamó porque necesitaban con urgencia que ayer, día 22 de junio, grabara un especial para Televisión Española. Removieron Roma con Santiago para que pudiera hacerlo, miraron trenes y aviones para que llegara al plató justo a tiempo, pero finalmente decidí no acudir. Y pagaban muy bien. Pero este libro habla de esto, de aprender a decir que no, de medir el valor de cada cosa. Interrumpir mis vacaciones habría supuesto que Luna se pusiera muy triste por no poder compartir confidencias e ilusiones, pisar castillos de arena o buscar salamanquesas en Andalucía conmigo.

Y no siento ni un ápice de arrepentimiento al verla cantar y bailar dentro del agua, feliz y despreocupada, rodeada de enormes cactus de esos que tanto le gustan y a los que aprendió que no había que acercarse después de acariciar uno y tener que prestarme sus pequeños dedos para que le extrajera las espinas una a una con las pinzas. Le han salido colores en las mejillas y a mí, miles de pecas, y eso que vamos bien surtidas de crema solar. No cesa de llamarme para que la mire hacer el tonto en el agua.

Noto todavía la barriga llena de la exquisita lubina a la sal del mediodía y el batido de chocolate del postre, que me ha hecho recordar mis veranos de niña. Estos días hemos visto cometas y hemos visitado la meca del *kitesurf* en Tarifa, donde el viento sopla muy fuerte. Era la primera vez que Luna pisaba una playa así, quería volar como los surfistas. Impresionaba y asustaba lo cerca que estaban de nosotros haciendo acrobacias sobre el mar.

El levante sopla leve en Sancti Petri, de tal manera que parece que los árboles tropicales de nuestro alrededor silben. El sonido de este oasis de Chiclana es como una nana, acuna, y si dejas a un lado el móvil puedes ver un sauce llorón barrer con sus hojas el agua.

Pero para disfrutar hay que poner a funcionar la consciencia dormida durante los meses de trabajo, de lo contrario hay lugares perfectos llenos de tristeza, enfados o soledad en los que no eres capaz de saborear lo bello. Para relajarse es preciso planificar poco y dejar que los minutos fluyan hasta que vence el día.

Comienza a apagarse la tarde de una manera que resulta espectacular. Me acerco a un espejo para quitarme una pestaña que me ha caído dentro del ojo y me miro con atención y ojos vidriosos. No me gusta todo lo que veo, pero amo todo lo que tengo. He sido más joven, los años se empiezan a notar en algunos ángulos, pero he ganado en otras cosas: no temo dar mi opinión, no le doy tantas vueltas a las cosas, no me comparo con los demás, no pido perdón por ser como soy, valoro lo que tengo, he aprendido a no mendigar el cariño de quien no quiere estar a mi lado, así como a reconocer que la vida tiene sus matices y que es cruel sentirme en la obligación de tener que verla siempre con un sesgo positivista, negando la existencia de los problemas, he dejado de ser tan extremista, de obsesionarme por que todo salga perfecto, ya no tengo el corazón hecho un nudo por tener la cabeza en otra parte y no paso hambre las semanas de antes de irme a la playa para sentir que merezco ponerme un biquini en verano. La belleza es una convicción, lo bello de hoy puede ser lo feo de mañana. Lo importante es amarnos sin reproches, porque de lo contrario comprenderemos que nos hemos equivocado cuando ya sea demasiado tarde.

En el hotel he conocido a un mago aficionado llamado Iñigo, en realidad un empresario vasco que pensé que me tomaba el pelo cuando me confesó al oído frente al piano bar que tenía ochenta y dos años. Viajaba con su mujer, Asun, de la misma edad, que se sentaba y se expresaba como si de una veinteañera se tratase, no podía quitarles los ojos de encima. Creo que este se va a convertir en un recuerdo imborrable. Iñigo exhibió delante de todos nosotros los trucos aprendidos: monedas que desaparecen, anillos que cambian de dedo y trepan por una cuerda... En el momento álgido del espectáculo le tapé los ojos a Luna, entre las sonoras risas del improvisado público —unos amigos y nosotros—, para que no se le ocurriera imitar al mago y acabar de la peor forma posible. Iñigo se había clavado un alfiler en la frente y lo sacaba por la nuca, de manera torpe pero efectista. Esto trae al presente aquella vez en la que mi padre se metió —supuestamente— un hierbajo por la oreja izquierda y se lo sacó por la derecha, y yo quise hacer lo mismo y tuvieron que llevarme al hospital para que me quitaran un trozo de césped del oído.

Iñigo me enseñó vídeos recientes del carrete de su móvil. En uno de ellos se le veía esposado en la cubierta de un barco, luego se tiraba al agua haciendo la bomba y al final aparecía, menos mal, en la superficie sano y salvo. En otros, disfrazado de Papá Noel para cumplir los sueños de sus nietas, jugando al pádel o tomando prestado el atuendo de socorrista en una playa del Cantábrico y tocando un silbato para evitar que su mujer octogenaria ligara con otros haciéndolos salir a todos del mar.

Con él veo posible lo que parecía imposible, esa es la verdadera magia que envuelve a las personas como Iñigo, no sus torpes trucos, en los que de repente avistas la moneda que acaba de caer al suelo. Me ha hecho entender que la edad tiene mucho que ver con la actitud con la que afrontas la vida, y la suerte es que te acompañen la salud y las circunstancias. Os juro que nunca en mi vida he visto a una persona de sus años tan actualizada, con tanta energía, buen coco y rapidez en sus respuestas. Su piel bronceada era la de una persona de sesenta y cinco años, aunque me dejó muy claro que pese a parecer del norte de África tenía el culo blanco. No pude evitar preguntarle cuál era el secreto, y me dijo que comer bien, y le mandó un beso por el aire a su mujer, sentada enfrente. Pensé en la respuesta de las más bellas cuando afirman con convicción que lo suyo es el resultado de beber agua y dormir ocho horas. El caso es que Iñigo no tomaba ninguna medicina y nunca había probado el alcohol, tan solo fumó habanos de joven. Se reía a gusto mientras enlazaba frases con la soltura de quien todavía no ha encarado la última etapa de la vida.

Vivir con humor es un salvavidas. Junto a la gente a la que amas, el humor es el mejor compañero de viaje que puedes tener en el tren de la vida; nos permite defendernos de los ataques y aligerar las penas, nos permite brindar con tequila, limón y sal en las noches con más dudas y cuando el mar está más embravecido.

Asimismo, tener a alguien a quien amar y que te corresponda es toda una victoria en la vida. El amor ha sido mi luz, una mano que agarrar cuando todo estaba oscuro. Sé que el Sergio que me acompaña en este viaje no es el mismo del que me enamoré locamente con catorce años; tampoco yo soy esa chica de Zaragoza que pensaba que su vida discurriría siempre en esa ciudad. Pero hemos aprendido a amarnos ahora que somos adultos, porque junto a él soy más yo, en eso creo que consiste el amor bueno. El amor de verdad es aquel que no intenta cambiarte, que te deja ser tú misma, que no te ridiculiza, y aunque a veces nos reímos el uno del otro porque no compartimos todas y cada una de nuestras opiniones, creo que debo cuidar una relación en la que he compartido lo mejor y lo peor de mi vida.

Me gustaría que Luna, cuando tenga más años, encontrara a alguien tan especial como lo es Sergio para mí, para esos ratos feos en los que un abrazo de verdad supone un rescate. Y escribo esto a sabiendas de que su mayor triunfo lo tendrá, sin duda, cuando halle la manera de llevarse bien consigo misma y respetarse, de perdonarse los errores, de soñar en voz alta y no perder la ilusión que adivino en sus ojos cuando la miro, de aprender a dar las gracias por cada cosa buena de su vida, de coleccionar recuerdos que le ayuden a remar cuando las fuerzas flaqueen, de no romper el vínculo con la gente que le quiere bien, de no perder el tiempo tratando de ser perfecta porque en semejante búsqueda solo perderá la salud.

Deseo que no se vea nunca en la obligación de tener que buscar en la pared una puerta mágica que la lleve a un mundo de fantasía para evadirse de la realidad, y si lo hace, que sea solo para tener una historia que contar a sus hijos, si alguna vez decide tenerlos.

Dentro de nada echaré de menos hablaros desde aquí. Nunca imaginé que me atrevería a abrirme en canal, porque ello implica necesariamente regalar tus puntos flacos al mundo. Pero si con esto consigo que alguno o alguna de vosotros dé marcha atrás en su tristeza en el preciso momento en el que piensa que todo está perdido, habrá valido la pena.

Y, sobre todo, dad valor a algo en lo que no solemos reparar: a veces somos felices y no lo sabemos.